Paris
1753

Boullier, David-Renaud

Lettres critiques sur les lettres philosophiques de M. de Voltaire par rapport à notre âme, à sa spiritualité

LETTRES CRITIQUES

SUR LES

LETTRES PHILOSOPHIQUES

De Mr. DE VOLTAIRE,

Par rapport à notre Ame, à sa Spiritualité
& à son Immortalité,

AVEC LA DEFENSE

DES PENSÉES DE PASCAL

CONTRE LA CRITIQUE

Du même Mr. de Voltaire,

Par M***

Scribimus indocti doctique. Horat.

▆▆▆▆▆▆▆▆▆▆▆▆▆▆▆▆

M. DCC LIII.

M. DE VOLTAIRE *est assez peu ménagé dans les Piéces suivantes, & on dira peut-être que la réputation qu'il s'est acquise méritoit plus d'égards ; mais je ne sai si un Ecrivain qui en témoigne lui-même si peu pour les per-sonnes les plus respectables, & pour les choses les plus sacrées, a dû légitimement s'attendre qu'on en conserveroit beaucoup pour lui.*

LETTRES CRITIQUES

SUR LES

LETTRES PHILOSOPHIQUES

DE *M. DE VOLTAIRE*,

Par rapport à notre Ame, à sa Spiri-
tualite' & à son Immortalite'.

I. *LETTRE*.

Vous me témoignez, Monsieur,
votre surprise de ce que M. de
Voltaire est devenu Philosophe, & vous seriez, dites-vous,
bien curieux d'apprendre comment une telle métamorphose s'est faite.
Effectivement, le phénomène est assez sin-
gulier pour mériter explication. Tout le

A

monde connoiſſoit depuis long-tems le talent poëtique de cet Auteur. Il s'eſt ſignalé
par des Piéces de Théatre, par un Poëme
Épique & même par une Hiſtoire de Charles XII, (*) aſſez dans ce génie-là : Mais
juſques ici perſonne, que je ſache, ne le
ſoupçonnoit de Science. En louant cette
imagination forte & brillante qui lui dicte
de très-beaux Vers, on ne s'étoit point avi-
ſé de le mettre dans la claſſe des gens qui
penſent & qui raiſonnent. Il vous ſouvient
même, Monſieur, que lorſque nous lûmes
enſemble ſa petite Brochure, intitulée *le
Temple du Goût*, nous ne cherchâmes pas
long-tems la raiſon du mépris déclaré qu'il
y fait paroître pour tout ce qui n'eſt pas
Poëſie ou Bel-Eſprit ; & nous conclûmes
d'abord, que cela venoit de ce qu'il ne ſe
mêle d'autre choſe. Car un Bel-Eſprit ignorant ne manque guères de ſe moquer de ce
qu'il ignore. Mais il faudra bien changer de
penſée, ſi l'on en doit croire le magnifique
éloge que nos Amis vous ont fait de ſes
Lettres ſur les Anglois. Sans mentir, M. de
Voltaire eſt bienheureux d'avoir fait le

_____

(*) Il faut pourtant pardonner au Poëte de
n'avoir point oublié qu'il l'étoit, & de s'être
un peu ſervi, dans cette occaſion de ſes privilèges. Son Sujet l'excuſe. *Nam que tam recens,
tam copioſa, tam lata, quæ denique tam poëtica,
& quamquam in veriſſimis rebus, tam fabuloſæ
materiæ?* Plin. Lib. VIII. Epiſt. 4.

voyage d'Angleterre! Il faut qu'il s'y soit emparé de la Science universelle, & que les divers genres de Savoir qui fleuriffent dans cette Ile chérie des Mufes, fe foient arrangés tout d'un coup, je ne fai comment, dans fa tête. Car enfin, la rélation qu'il en donne embraffe une prodigieufe variété de fujets. Cependant on vous affure qu'il y parle de tout en Maître : il y paroît à la fois Théologien, Politique, Géomètre, & qui plus eft, Philofophe. Il faut certainement l'être pour apprécier le mérite de nos grands Génies, pour expofer nettement leurs plus fines Découvertes, pour débrouiller leurs Syftèmes, pour faifir le fort & le foible de leurs Opinions, pour décider les Queftions les plus abftrufes, pour pefer dans de juftes balances le grand *Defcartes* avec l'illuftre *Newton*, comme Voltaire le fait dans cet Ouvrage, au moins à ce que l'on vous a dit : car toute votre impatience n'a pu vous mettre encore à portée de vous en éclaircir par vous-même. Eh bien, Monfieur, permettez-moi donc de douter un peu d'un pareil prodige ; & puifque vous n'en êtes pas témoin oculaire, pardonnez à mon incrédulité qui fe le perfuade mal-aifément. J'ai lu les Lettres en queftion, & je vous avouerai naturellement, que loin d'y trouver un Philofophe, je n'y ai reconnu que le Poëte.

A ij

Ces Mrs. les Poëtes ont l'imagination forte, comme vous savez; & joignant à cela cette noble confiance qui est assez de leur caractère, il leur semble qu'il ne tiendra qu'à eux de se donner toutes les sortes de mérite qu'ils voudront; leur fantaisie leur crée celui qu'il leur plaît. Le bon de l'affaire, c'est qu'il y a mille gens faits pour les en croire sur leur parole. Des manières vives, un ton ferme, une expression agréable, certains traits brusques qui viennent de tems en tems réveiller l'esprit, choses qui ne manquent guères aux Poëtes, tout cela persuade à plus d'un Lecteur que l'on a raison, & que l'on entend à fond les sujets dont on parle.

Muni de pareils privilèges, M. de V. s'est transporté à Londres. Il y a vu des Savans & des Philosophes. Lui en falloit-il davantage pour se croire lui-même transformé en Philosophe & en Savant? Après quoi son affaire la plus pressée a été d'en convaincre le Public, il lui a donné ses *Lettres*, qu'il lui plaît d'intituler *Philosophiques*, apparemment parce qu'il y est beaucoup question des Philosophes. En effet, M. de V. y devient l'écho de ceux d'Angleterre: écho assez confus, & quelquefois infidèle; mais agréable pourtant, par les traits enjoués & spirituels dont il entrecoupe ce que sa mémoire a pu retenir de leurs entretiens. Représentez-vous un homme qui parle avec feu, fur des matières qu'il n'entend pas ; un homme entraîné par l'autorité d'autrui, & jaloux avec cela de la fienne propre ; condamnant d'un air dédaigneux tous ceux qui ne penfent pas comme certaines gens lui ont dit qu'on doit penfer ; mais auffi s'érigeant en Juge de ces mêmes Maîtres dont les décifions lui ont tenu lieu de preuves, & ne cherchant enfin dans les fujets les plus graves, que l'occafion de dire un bon-mot ; voilà, Monfieur, quel eft le nouveau Philofophe que nos Amis vous ont tant vanté.

Mais il n'eft pas jufte d'avancer tout cela fans preuves. Afin donc de vous montrer un échantillon de la manière dont il raifonne, je m'arrête pour aujourd'hui à la Lettre XIII. qui roule fur Mr. *Locke.* On ne fe contente pas d'y donner à ce beau Génie les louanges qu'il mérite, en difant qu'il n'y a peut-être jamais eu d'Efprit plus méthodique, ni de Logicien plus exact ; mais, comme les Poëtes ne louent jamais à demi, on le met fans façon au-deffus de *Defcartes* & de *Mallebranche.* Devineriez-vous, Monfieur, les raifons d'une préférence fi haute ? C'eft que Locke a foutenu que nous ignorons la nature de notre Ame ; qu'il eft faux qu'elle penfe toujours ; qu'enfin elle pourroit bien être matérielle, n'y aiant, felon lui, aucune contradiction à dire que la Matière peut

A iij

penfer. C'en étoit affez pour mettre le Philofophe Anglois bien avant dans la faveur de notre Poëte, qui ne peut fouffrir que l'Ame foit fpirituelle ni immortelle par fa nature. Il s'en étoit déja déclaré plufieurs fois en Vers, d'une façon peu édifiante : aujourd'hui il prétend le prouver en Profe, & l'on fent affez que l'éloge de Mr. Locke ne fert que de prétexte à ce beau deffein. Son zèle fur ce fujet lui infpire un dédain mêlé de colère, contre ceux qui ne font pas en cela de fon avis. Et il y a grande apparence que fi *Socrate* en avoit été, M. de V. auroit épargné au plus refpectable des Philofophes Païens, les injures de *fou* & de *fripon*, dont il lui applique fi poliment l'alternative.

Après avoir fait paffer en revue les diverfes opinions des Anciens touchant la nature de l'Ame, il vient au Syftème de Defcartes & de Malebranche, qui ne font pas mieux traités que les reveries d'Anaxagore & d'Ariftote, ni que celles des Scholaftiques. Defcartes, dit notre Poëte, affure que l'Ame " arrive dans le Corps " pourvue de toutes les notions métaphy- " fiques ; connoiffant Dieu, l'Efpace, " l'Infini ; aiant toutes les idées abftrai- " tes ; remplie enfin de belles connoif- " fances, qu'elle oublie malheureufement " en fortant du ventre de fa mere. " Mais où eft-ce, je vous prie, que Defcartes en-

seigne cela ? On fait bien que fes adverfaires lui ont imputé quelque chofe de pareil. Il leur étoit plus aifé de déguifer
ainfi la doctrine des Idées innées, & de la
travestir en ridicule, que de la combattre
folidement : mais quiconque l'aura étudiée
dans les Ouvrages de ce grand Homme,
& fe piquera de bonne-foi, n'aura garde
de l'énoncer de la forte. Voilà ce que c'eft,
Monfieur, de s'en fier aux ouï-dire. En
vérité, les anciens Philofophes, dont nous
avons perdu les Ecrits, font à plaindre,
s'ils n'ont pas eu de plus fidéles Hiftoriens
de leurs opinions.

Deux ou trois fautes groffières, que M.
de V. commet en quatre lignes au fujet du
P. Malebranche, font voir que ce dernier
n'eft guères plus de fa connoiffance que
Defcartes. *Mallebranche de l'Oratoire,* dit-
il (*), *dans fes illufions fublimes, non feulement admit les* (†) *Idées innées, mais il ne*

_____

(*) Page 59.
(†) M. de Voltaire, dans un Mémoire inféré
dans le *Journ. des Savans,* Décemb. 1738. p. 554.
rejette cette faute fur l'Imprimeur, & dit qu'au-
lieu d'*admit les Idées innées,* il faut lire, *n'admit
point.* J'aurois dû deviner, felon lui, que par méprife on avoit mis le *oui* pour le *non.* Je conviens
que cette voie de fe tirer d'affaire eft pour les
Auteurs d'une commodité charmante; mais n'en
déplaife à M. de V. je n'ai point dû foupçonner la leçon du texte, qui, quoi qu'il en dife,
fait un fens, j'entens un fens grammatical, a-

A iv

doutoit pas que nous ne viſſions tout en Dieu,
& que Dieu pour ainſi dire ne fût notre Ame.
Paſſons-lui ce terme d'*illuſions ſublimes*,
dont il honore le Mallebranchiſme, & ne
troublons pas la paiſible poſſeſſion où eſt
notre Auteur d'inſulter tout ce qu'il voit
au-deſſus de lui. Il ſuffira d'obſerver en paſ-
ſant, que Mr. Locke a bien ſu mettre à pro-

vec le reſte de la phraſe, tout comme la leçon
oppoſée. Il eſt vrai qu'il charge par-là le Syſtème de Malebranche d'une contradiction ridicule. Mais après tant d'autres fautes avérées,
on ne jugera point M. de Voltaire incapable
de celle-ci. La ſuite même & la liaiſſon de ſon
diſcours ſemble l'en convaincre. Il venoit de
parler de la doctrine de Deſcartes ſur les Idées
innées, & de la traiter de viſion creuſe. Après
on lit tout de ſuite : *Malebranche dans ſes illuſions ſublimes non ſeulement admit les Idées innées, mais il ne doutoit pas &c.* Qui ne voit
que l'Auteur repréſente Malebranche comme
aiant enchéri ſur l'illuſion de Deſcartes, & par
conſéquent l'aiant adoptée ; & qu'il oppoſe é-
galement à ces deux Philoſophes, le ſage Locke, comme les aiant également combattus ſur
ce point, & avec le plus grand ſuccès ? Si le vrai
ſentiment du P. M. eût été connu de M. de V.,
il ſe fût exprimé ainſi : *A la vérité, M. n'admit
point les Idées innées, mais il croyoit &c.* ou par
quelque autre tour ſemblable. Qu'on reliſe tout
l'endroit, & on conviendra que rien ne ſeroit
plus louche que l'expreſſion qu'il ſuppoſe a-
voir été la ſienne. Ceux qui ſavent combien
M. de V. ſait mieux parler que penſer, ne l'en
croiront aſſurément pas en cette occaſion.

fit la lecture du P. Malebranche, & qu'il
ne s'est point vanté de tous les secours qu'il
en a tirés. On n'a qu'à comparer son *Essai*
sur l'Entendement humain avec la *Recherche*
de la Vérité si célèbre, même en Angleterre, longtems avant que Locke parût sur
les rangs, pour se convaincre que ce dernier Ouvrage ne lui a point été inutile.
Mais laissant cela, n'admirez-vous pas M.
de V. qui taxe tout à la fois le P. M. d'admettre les Idées innées, & de croire que
nous voyons tout en Dieu, c'est-à-dire,
qu'il lui attribue deux sentimens contradictoires ? A-t-on la moindre notion du sujet
que l'on traite, lorsque l'on s'exprime de
la sorte ? Malebranche enseigne que notre
Ame voit les objets, en s'appliquant à la
Substance Divine qui les lui représente :
il n'avoit donc garde de croire que notre
Ame renferme en elle-même les idées de
ces objets, ni que ces idées soient nées
avec elle : il le croyoit si peu, qu'il emploie
un Chapitre entier à réfuter ce sentiment.
S'exprimer donc comme fait M. de V.,
c'est tout comme si l'on disoit : *Non seu-*
lement le P. M. croit que nos Idées sont gra-
vées naturellement dans la substance de notre
Ame & qu'elles lui sont essentielles, mais il
croit aussi que ces mêmes Idées lui sont étran-
gères & existent nécessairement hors d'elle. Qui
ne voit qu'on ne sauroit tenir pour cette
dernière opinion, sans rejetter formelle-

A v.

ment la prémière ? Dire que nous voyons
tout en Dieu, c'est nier les Idées innées.
Ce n'est pourtant point soutenir, selon la
ridicule imagination des *Lettres*, que Dieu
soit pour ainsi dire notre Ame; mais seulement, qu'il en est l'objet immédiat, &
que par son union intime avec elle, il lui
découvre tout ce qu'elle voit.

Quoi qu'il en soit de l'origine de nos
Idées, & quelque parti qu'on veuille prendre dans cette dispute, il est toujours sûr
que l'*Histoire de l'Ame*, que le sage Mr.
Locke a faite si modestement, ne contredit point dans le fond le prétendu *Ro-
man* que Descartes nous en donne. On
accorde volontiers, que le Philosophe Anglois dévelope avec une extrème dextérité
le progrès des connoissances humaines, à
commencer depuis la plus tendre enfance.
On convient qu'il explique d'une manière
fort vraisemblable, comment les Idées s'excitent en nous, l'ordre dans lequel elles
s'arrangent, se distinguent, se varient, se
composent & s'étendent ; selon quelles
Loix se forme l'habitude de la Science &
celle du raisonnement : ce sont des faits sur
lesquels l'expérience peut être consultée,
& qu'une attention exacte sur ce qui se passe
en nous, nous apprend à démêler. Reste
pourtant toujours après cela, la question
sur l'origine de nos Idées. En disant que
la Sensation & la Réflexion en sont les

deux fources, on m'indique bien les occa-
fions qui les excitent, on me trace bien les
deux voies par où j'acquiers la connoiffance
actuelle de tels & de tels objets; mais on
ne m'explique point l'origine de ce que
j'appelle *Idées*, ni quelle eft la caufe effi-
ciente qui les produit. Sont-ce de nouvelles entités, que l'Ame crée au dedans
de foi ? ou que les objets extérieurs faffent
paffer jufques à notre Ame ? ou que Dieu
y mette, chaque fois que nous nous repré-
fentons un nouvel objet ? C'eft un point
que l'Hiftoire de Locke n'éclaircit pas, &
qu'on s'oblige pourtant d'éclaircir, lorfqu'on nie formellement, comme fait ce Philofophe, que les Idées de l'Ame naiffent
avec elle. Effaye-t-il feulement de nous
faire entendre comment ces Idées qui nous
viennent, felon lui, par le canal des Sens,
ont pu nous être communiquées par les
Corps mêmes qu'elles repréfentent ? Comment, par exemple, le Soleil en frappant
pour la prémière fois ma paupière, a pu produire dans mon ame ce qui n'y étoit pas
auparavant, & que j'appelle l'*idée du Soleil* ? Comment un morceau de Sucre, qui
vient à fe fondre fur ma langue, répand
dans cette même Ame un fentiment nouveau que je nomme *douceur* ? Et pour ce
qui eft de l'autre voie par où nos connoiffances fe forment, favoir la Réflexion, ne
paroît-il pas évident que cette réflexion

suppofe des idées qui exiftent déja dans
l'Ame, & ne les produit pas, fe conten-
tant de les approcher de notre Efprit, qui,
à mefure qu'il s'y rend attentif, les démé-
le, les dévelope, & acquiert l'heureufe habitude de fe les repréfenter enfuite clairement & diftinctement quand il lui plaît ?
Seroit-il donc fi déraifonnable de rapporter l'origine de nos Idées à l'Ame même,
en concevant qu'elle les renferme dans fa
fubftance, comme autant de modifications
repréfentatives de divers objets ; & qu'elle les dévelope dans un certain ordre réglé, qui dépendra, tant de l'union établie
par le Créateur entre l'Ame & le Corps,
que de la nature de l'Ame elle-même ? Ces
principes, quoiqu'abftraits, loin de dé-
mentir l'Hiftoire de l'Efprit-humain, lui
ferviront de fondement & nous explique-
ront les faits qu'elle nous rapporte. Pardon,
Monfieur, de cet écart métaphyfique. J'ai
ofé m'élever jufques à Defcartes & à Mr.
Locke, je redefcends vîte à M. de Voltaire.

Il eft charmé de ce que Locke a décidé
que notre Ame ne penfe pas toujours, &
qu'il ne lui eft nullement effentiel de penfer. Fier d'une telle autorité, il en appelle
comme lui à l'expérience. *Pour moi*, dit-il,
*je me vante de l'honneur d'être en ce point
auffi ftupide que Locke. Perfonne ne me fera
jamais croire que je penfe toujours.* A la bon-

ne heure, on ne s'y oppofe pas. Permis à
lui, dans un certain fens, de ne penfer
même que très-rarement. Mais on repond
à Locke, qu'il y a lieu d'être furpris qu'un
habile raifonneur comme lui, n'ait point
vu qu'une telle queftion ne fauroit fe décider par l'expérience. Il s'en faut beaucoup,
que nous ne confervions la mémoire de
toutes nos penfées. Nous en avons tous les
jours une infinité qui nous échapent. Ainfi
je ne fuis jamais fûr de n'avoir point
penfé dans tel ou dans tel inftant, quoique je ne puiffe me rappeller ce qui m'oc-
cupoit précifément dans cet inftant-là. Notre Ame eft le rendez-vous de mille penfées légères, prefque imperceptibles, qui
fe fuccèdent rapidement l'une à l'autre*,
& qui paffent comme des éclairs. Elle en
a de confufes & de fourdes, defquelles,
faute de s'y appliquer, & d'y avoir fait
une attention expreffe, elle ne tient aucun
regiftre. On conçoit aifément que ces for-
tes de penfées volatiles ont pu remplir
tous ces vuides de notre tems, où nous
croyons n'avoir rien penfé. Il eft clair que
la moindre des fenfations eft une penfée,
puifqu'elle renferme la confcience du fujet qui fent. Or eft-il vraifemblable que
nous demeurions un feul moment fans avoir
quelque fenfation, n'en euffions-nous d'autre que celle des différentes parties de notre Corps, & des petits changemens inter-

tins qui y arrivent à toute heure ? L'union
étroite du Corps & de l'Ame femble demander que celle-ci s'apperçoive toujours,
du moins confufément, de ce qui fe paffe
dans celui-là : perception foible , qui ne
l'empêche pas de s'appliquer au même
tems à quelque penféc diftinĉte , & qui ,
lors même que l'Ame eft vuide de penfées diftinĉtes , ne laiffe aucune trace dans
la mémoire. Vous voyez, Monfieur, le
grand avantage qu'ont dans cette difputé
ceux qui foutiennent que l'Ame penfe toujours : ils n'ont befoin pour cela que de lui
fuppofer toujours autant de fentiment d'elle-même, qu'en a un homme qui s'affou-
pit. Où eft , je vous prie, la vanité , de
croire que notre Ame ne fe trouve jamais,
du moins fans ce degré de penfée ? Où eft
le paradoxe , d'attribuer en ce fens aux
Ames les plus ftupides le privilège de penfer toujours ? Si Mr. Locke avoit pris garde, d'un côté, que la penfée entre dans
toutes les opérations , dans tous les états
de notre Ame ; s'il eût vu que ce n'eft
point un acte particulier , mais quelque
chofe de permanent , qui lie les diverfes
modifications de cette Subftance, & leur
fert de foutien commun : fi d'un autre
côté, cet excellent Homme avoit fongé
qu'il eft impoffible de montrer par expérience que notre Ame ceffe de penfer pour
un feul inftant, il n'auroit point nié d'un

ton si décisif, que l'Ame pense toujours ; encore moins auroit-il osé dire, que la pensée ne lui est pas plus nécessaire que le mouvement l'est au Corps.

Mais le chef-d'œuvre des méditations de Locke, & ce que notre Auteur regarde comme le digne effort d'un si grand Génie, c'est d'avoir trouvé, *que nous ne serons peut-être jamais capables de connoître si un Etre purement matériel pense, ou non.* Paroles que M. de V. a recueillies comme un Oracle, & qu'il aura sans doute fait graver en lettres d'or sur sa cheminée. Cela lui donne lieu de raconter avec délice l'alarme qu'en prirent les Théologiens, le scandale qu'elles causérent parmi les Dévots, les vives disputes qui s'allumérent à ce sujet, & dont, si nous devons l'en croire, le Philosophe sortit victorieux. Vous jugez bien, Monsieur, que M. de V. n'a garde de perdre une si belle occasion de déclamer contre la superstition du Peuple & le zèle du Clergé. Car, à l'en croire, l'alarme ne pouvoit être plus mal fondée. Ce n'étoit que terreur panique chez les uns, chez les autres pure calomnie. *Il ne s'agissoit point de Religion dans cette affaire ; c'étoit une Question purement Philosophique , très-indépendante de la Foi. Il ne falloit qu'examiner sans aigreur s'il y a contradiction à dire, la matière peut penser ; & si Dieu peut communiquer la pensée à la Matière.* De savoir si no-

tre Auteur est lui-même bien persuadé de
ce qu'il dit, que cette Controverse n'inté-
resse en aucune sorte la Religion, & si un
zèle antipode à celui des Théologiens ne
l'anime point à la défense de la thèse qu'ils
combattirent, c'est ce que je n'examinerai
pas. Je me contenterai d'observer que ces
paroles, dont il admire la sagesse, contiennent la pensée la moins digne d'un Philosophe qui ait peut-être jamais été soutenue.
Soit dit sans blesser la mémoire de cet habile Ecrivain, il n'étoit pas infaillible; &
même en qualité de vrai Philosophe, il
n'a point dû souhaiter qu'on le crût incapable d'erreur. On est persuadé qu'il avoit
trop à cœur la Vertu & la Religion, pour
avoir admis les étranges conséquences où
même un pareil principe, mais par malheur,
les Libertins les tirent pour lui, & se couvrent de son autorité pour les établir.

A près tout, que la question soit de pure
Philosophie, je le veux. Cette question est
simple; elle se réduit à savoir si la Substance que nous nommons *Matière*, & qui,
quelles que soient d'ailleurs ses propriétés
inconnues, a certainement de l'étendue,
des parties, & de la solidité; si, dis-je, cette Substance peut être la même que celle
qui pense, qui se sent, & qui dit, *moi*. On
a montré plus clair que le jour, qu'il y auroit de la contradiction à le soutenir. Souf-
frez, Monsieur, que pour éviter les répé-

titions inutiles, je vous renvoie aux Auteurs qui ont traité cet important sujet à fond. A l'Abbé de *Dangeau*, par exemple, dans ses *Entretiens*, au Traité du P. *Lami*, *de la Connoissance de soi-même*; à Mr. *Bayle*, qui, tout Pyrrhonien qu'il ait affecté de paroître en d'autres matières, prend sur celle-là le ton dogmatique contre Locke, qu'il pousse très-vivement en plus d'un endroit de son Dictionnaire (*). Enfin vous ferez bien de joindre à ces lectures, celle de l'excellent Livre que le défunt Dr. *Clarke* composa pour servir de réponse aux argumens de *Collins*, fameux Disciple de Locke, contre la spiritualité de l'Etre qui pense. Cet illustre Docteur met cette vérité dans un si beau jour; il démêle, il perce, il résout si parfaitement les sophismes entortillés que lui oppose son Adversaire, qu'il est impossible de rien ajouter à l'évidence d'une telle Démonstration. En nous racontant la prétendue défaite de *Stillingfleet* dans ses combats avec Locke, M. de V. auroit pu ajouter, qu'un autre Théologien étant entré depuis dans la même lice, avoit complettement vengé le Prélat. Un fait si connu des Savans d'Angleterre, auroit-il échappé à notre Poëte voyageur? Comme apparamment il ne s'en est pas ressouvenu dans cet endroit, il trouvera bon,

(*) Voyez en particulier l'Article *Leucippe.*

s'il lui plaît, que l'on supplée à son oubli.

A propos du Dr. *Clarke*, que l'Angleterre commence de mettre avec justice au-dessus de Locke pour la profondeur du génie, M. de V. en lui payant dans sa VII. Lettre un tribut de louange, comme aux autres Savans du même Pays, semble y mêler à son égard quelques restrictions qui ressentent un peu le chagrin. *C'est lui*, dit-il, *qui est l'Auteur d'un Livre assez méprisé sur la Vérité de la Religion Chrétienne.* Il est pourtant vrai que l'Ouvrage en question a été aussi applaudi qu'il est excellent en lui-même ; je n'y vois que le sujet qui pourroit avoir déplu à notre Poëte & à ses consors. Mais ne trouvez-vous pas plaisante l'épithète de *machine à raisonnemens*, qu'il lui plaît de donner à ce Docteur ? Rien ne ressemble assurément moins à la machine, qu'un homme qui raisonne comme faisoit Clarke : c'est plutôt un Poëte tel que *Voltaire*, qu'on pourroit nommer à juste titre *un moulin à vers*.

Revenons à notre Controverse, pour écouter M. de V., qui vient courageusement y servir de Second à son Héros. "Les Hommes disputent depuis longtems sur la nature & sur l'immortalité de l'Ame. A l'égard de son immortalité, il est impossible de la démontrer, puisqu'on dispute encore sur sa nature, & qu'assurément il faut connoître à fond la nature d'un

" Etre créé, pour décider s'il est immor-
" tel ou non. " Raisonnement pitoyable !
comme vous voyez, Monsieur, puisqu'il
roule sur ces deux principes : l'un, que l'on
n'a de certitude que dans les choses où tous
les hommes s'accordent : l'autre, qu'on ne
peut raisonnablement affirmer quoi que ce
soit d'un sujet, à moins de le connoître à
fond. Que diriez-vous de celui qui vous
proposeroit ce bel argument : *On dispute*
depuis long-tems sur l'essence de la Matière
& sur sa divisibilité à l'infini. A l'égard de
sa divisibilité, il est impossible de la démontrer,
puisqu'on dispute encore sur son essence, &
qu'assurément il faut connoître à fond un Etre
créé, pour savoir s'il est divisible à l'infini,
ou non ? Vous siffleriez sans doute un tel
raisonneur ; ou si vous aviez la charité de
lui répondre, vous lui feriez remarquer
qu'il se trompe en supposant doublement
faux ; puisque de cela seul qu'on dispute encore sur ce qui constitue l'essence du Corps,
il ne s'ensuit pas que le Cartésien, par
exemple, ait tort de la mettre dans l'étendue ; & que quand même il seroit vrai que
le fond de la substance matérielle nous demeure inconnu, l'infinie divisibilité de la
Matière ne s'en démontreroit pas avec
moins de certitude.

D'abord, notre Auteur n'osoit presque
parler après Locke sur un sujet si délicat,
& ç'eût été fort prudemment fait à lui ;

mais oubliant aussitôt sa timidité, il élève la voix jusqu'au ton décisif. *La Raison humaine*, nous dit-il, *est si peu capable de démontrer par elle-même l'immortalité de l'Ame, que la Religion a été obligée de nous la révéler.* Que d'illusion, que de brouillerie dans ces paroles ! & pourquoi parler de la Religion & de la Raison, quand on les connoit l'une & l'autre si mal ? Tant s'en faut que la Raison soit incapable de démontrer l'immortalité de l'Ame, qu'il y a peu de Vérités qu'elle nous découvre avec la même évidence ; pourvu qu'on entende par l'immortalité de l'Ame, son immortalité naturelle, qui lui vient de ce que n'étant point Corps, elle ne peut périr par dissolution, comme ces composés matériels que les loix du mouvement détruisent après les avoir formés. L'Ame est naturellement immortelle, dès qu'il n'y a que le pouvoir créateur, pouvoir supérieur à la Nature, qui soit capable de la faire cesser de vivre. Cette Vérité, déja manifestée par la raison, la Religion n'est point obligée de nous la révéler, elle la suppose ; elle y ajoute seulement dequoi nous rassurer contre ce pouvoir surnaturel, en nous apprenant que Dieu, qui est le maître d'anéantir ces Ames qu'il a créées, veut qu'elles subsistent éternellement.

De quelque côté qu'on se tourne, ce dogme est en sureté. Et voyez, Monsieur, comment la Raison & la Révélation s'accordent heureusement à nous rassurer contre la crainte que nos Ames ne périssent. Indépendamment de la Religion, & même de la connoissance d'un Dieu, la Raison m'apprend que les Substances ne s'anéantissent point d'elles-mêmes ; que par conséquent mon Ame, Substance simple, incapable par sa simplicité de se dissoudre comme le Corps, ne sauroit naturellement périr. Il est vrai que la connoissance d'un Dieu me découvre en lui le pouvoir d'anéantir cette Ame ; mais en me fournissant ce sujet de crainte, elle y oppose un préservatif pris de la sagesse & de la bonté du Créateur, qui me persuadent qu'il ne voudra point user d'un tel pouvoir. Enfin, pour comble de certitude, la Révélation vient m'assurer de sa part qu'il n'en usera jamais.

Toute ressource est donc ôtée aux Libertins, par rapport à leur passion chérie de se voir anéantis après la mort ; puisque cet anéantissement n'est possible, qu'en supposant la vérité d'un Dieu Créateur, c'est-à-dire, d'un Etre tout-puissant, tout-bon & tout-sage : & que la vérité d'un tel Etre, établit avec la Religion l'immortalité de l'Ame.

Il importe peu, ajoute notre Poëte, *il importe peu à la Religion de quelle Substance soit l'Ame, pourvu qu'elle soit vertueuse.* Nouvelle décision, aussi judicieuse que la précédente.

Pour être vertueuse, il faut que l'Ame soit libre. Otez-lui sa liberté ; Justice, Vertu, Religion, tout cela devient autant de chimères. Mais à qui persuadera-t-on qu'un sujet purement matériel soit libre & capable de vertu ? Rien n'empêche qu'un simple Paysan qui ignore la nature de son Ame, ne soit, avec cette ignorance, un homme très-vertueux ; mais je soutiens qu'un Philosophe à Système, qui regarde la sienne comme de pure Matière, court grand risque de se soucier peu de l'être.

Je suis Corps & je pense ; je n'en sai pas davantage. Irai-je attribuer à une cause inconnue, ce que je puis si aisément attribuer à la seule cause seconde que je connois ? Tout est bon à M. de V. pour soutenir sa thèse. Il s'embarrasse fort peu si ses idées se lient entre elles, & si ce qu'il dit dans ce moment, est en contradiction avec ce qu'il avance quelques lignes plus bas. Ici, il attribue au Corps la faculté de penser, par la raison qu'il connoit le Corps, & que c'est la seule chose qu'il connoisse : mais quelques périodes ensuite, c'est sur ce qu'on ne connoit point du tout la Matière, qu'il trouve ridicule d'oser décider qu'elle ne sauroit penser. *Je ne connois point du tout la Matière*, dit-il au commencement de la p. 63. C'est par cet Axiome qu'il prétend renverser toute preuve de distinction du Corps & de l'Ame. Mais cela étant, il n'a pas

plus de droit d'affirmer que la Matière penfe , que de le nier , & il ne lui eſt pas *plus*
aifé d'attribuer cet effet à la Matière qu'il
ne connoit point du tout , qu'à toute autre cauſe inconnue. Que M. de V. choiſiſſe
donc une bonne fois , entre *connoître le*
Corps , & *ne le connoître point du tout* , &
qu'il abandonne l'un de ſes deux Argumens. Mais je lui paſſe la contradiction,
pour m'arrêter au prémier de ces Argumens. " Pourquoi , dit-il , n'attribuer "
pas la penſée au Corps, qui eſt la ſeule "
choſe que l'on connoit , plûtôt que d'en "
aller imaginer toute autre cauſe incon- "
nue? " Je veux , lui répondrai-je , que vous
ne connoiſſiez d'autre Subſtance que le
Corps ; mais connoiſſez-vous le Corps
comme cauſe de la penſée ? Voyez-vous
entre la penſée & le Corps, aucune liaiſon
qui vous perſuade , ou vous faſſe ſeulement
ſoupçonner que celui-ci ait pu produire
celle-là ? Non. Vous avouez , pag. 63.
qu'on ne ſait point du tout ſi les propriétés cor-
porélles peuvent être jointes à la penſée. En
quoi donc vous eſt-il *ſi aifé* de le prendre
pour la cauſe d'un tel effet ? Au contraire,
il eſt plus naturel de raiſonner ainſi : Je
vois un effet qui ne me paroît ſe rapporter
à aucune des cauſes qui me ſont connues ;
donc une cauſe à moi inconnue produit
cet effet. La penſée n'a nul rapport avec
tout ce que je connois des propriétés &

des opérations du Corps ; par conféquent
ce doit être l'effet ou la propriété d'une
Subftance qui n'eft point Corps : Subftance, dont, fi la nature m'en étoit connue,
je découvrirois clairement fans doute les
rapports qu'elle a avec la penfée.

Enfin M. de V. a un merveilleux fecret pour battre en ruine ce qu'il appelle
les Philofophes de l'Ecole ; c'eft de leur
dire nettement : *Vous ne favez rien du tout,*
vous ne concevez ni la Matière ni l'Efprit,
comment donc ofez-vous affurer quelque chofe ?
Ce foudroyant Arrêt, qu'il leur prononce
de la part de Mr. Locke, eft en effet l'a-
brégé des controverfes. Car dès que les
objets nous font inconnus, il n'y a plus
moyen ni de diftinguer les objets, ni de
raifonner, ni de rien conclure avec certitude. Dès-lors toute connoiffance, & par
conféquent toute démonftration s'anéantit.
Mais une voie fi courte de fe tirer d'affaire,
eft un peu fufpecte de mauvaife-foi. Mrs.
les Pyrrhoniens ont beau condamner notre
Efprit à d'éternelles ténèbres ; ils ont beau
prêcher *le néant des connoiffances humaines :*
on leur a foutenu depuis long-tems, qu'ils
font *une Secte de menteurs* qui parlent contre leur confcience. Nos connoiffances font
très-bornées, on l'avoue. Ces bornes doivent nous rendre humbles, modeftes dans
nos recherches, circonfpects dans nos décifions. Point de fauffe humilité pourtant.

Nous

Nous concevons quelque chose, & sur
cela nous osons assurer quelque chose aussi.
Ouï, Monsieur, nous connoissons assez &
notre Ame & notre Corps pour les distinguer nettement l'un d'avec l'autre, & pour
porter sur tous les deux des jugemens que
l'évidence accompagne. D'un côté, il y a
du ridicule à dire que *nous ne connoissons
point du tout la Matière, & que nous en devinons imparfaitement quelques propriétés.* Cela, & *le néant des connoissances humaines,*
font autant d'hyperboles poëtiques, que
Locke, dans la bouche duquel on les met,
n'auroit pas manqué de desavouer. Nous
connoissons avec certitude que la Matière
est une Substance étendue, divisible, impénétrable, mobile, susceptible de diverses figures & d'arrangemens divers. Nous avons
l'idée de chacune de ces propriétés. Nous
voyons clairement qu'elles se lient les unes
aux autres ; qu'elles appartiennent à un
même sujet, dont elles déterminent la nature, & dont elles sont inséparables. Nous
voyons qu'elles excluent de cette Substance, tout attribut qui en feroit nier ce
qu'elles en affirment. Je sai que quelques
Philosophes distinguent les Attributs, d'a-
vec le Sujet qui les soutient, d'avec la
Substance qui, comme ils disent, leur
sert de fond. Mais si l'on veut s'expliquer
nettement, on avouera que le Sujet même
nous est connu par ses attributs ; car c'est

B

de lui qu'ils font affirmés, ils ne fubfiftent
point en l'air, & leur idée eft celle du
Sujet même. Nous affirmons de la Subftance corporelle, qu'elle eft étendue,
qu'elle a des parties ; & quand on vien-
droit à lui découvrir d'autres propriétés
inconnues, nous nous tenons fûrs qu'elles
ne nous repréfenteroient jamais ce fujet
comme n'aiant ni parties ni étendue.

D'un autre côté, il eft faux que notre
Ame nous foit inconnue. J'avoüe que nous
n'en avons pas l'idée, comme nous avons
celle du Corps ; mais nous la connoiffons
par fentiment & par confcience. En me
connoiffant moi-même, je fai de certitude que Moi qui me connois, fuis une Subftance ; un fujet fimple, indivifible & véritablement un ; un fujet actif, ou principe d'action & de mouvement ; un fujet
repréfentatif de mille objets différens de
lui ; un fujet qui poffède le fentiment intime de lui-même, de toutes fes actions
ou modifications actuelles. D'où j'infère
avec la même certitude, que ce *Moi* que
j'appelle mon Ame, n'eft point Corps,
puifque les propriétés que par conviction
intérieure j'affirme de celle-là, font ex-
clufives de celui-ci. Il eft manifefte que le
fujet fimple & indivifible, ne peut être
en même-tems le fujet divifible ou compofé de parties : que le fujet actif, ou principe de mouvement, ne fauroit être le fujet

paſſif qui reçoit le mouvement : qu'en un mot, le ſujet qui ſe connoît lui-même, qui connoît l'Etendue, & ſe diſcerne d'avec elle, n'eſt point le ſujet actuellement étendu. Pour aſſurer hardiment tout cela, on n'a beſoin de connoître à fond ni l'Eſprit ni la Matière; il ſuffit de ſe ſentir ſoi-même, & de ſe rendre attentif à ce qui s'offre à notre penſée quand on prononce le mot de *Matière* ou de *Corps.*

Votre imagination ni la mienne, ajoute fièrement M. de V., *ne peuvent concevoir comment un Corps a des idées; & comprenez-vous mieux comment une Subſtance, telle qu'elle ſoit, a des idées ?* Queſtion incommode ! défi embarraſſant, s'il en fut jamais ! Pour le coup, Monſieur, il faut nous rendre. Il n'y a plus moyen de s'empêcher de ſuccomber ſous cette terrible acatalepſie Pyrrhonienne. Y ſauriez-vous quelque remède ? Il me vient pourtant à l'eſprit, que ſi quelqu'un m'attaquoit par cet Argument : *Votre imagination ni la mienne ne peuvent concevoir comment une Ame a des figures; mais comprenez-vous mieux comment une Subſtance, telle qu'elle ſoit, a des figures ?* je n'en ſerois guères embarraſſé. Je répondrois ſur le champ : Oui, je conçois fort bien comment une Subſtance a des figures; & je le conçois ſi bien, que je vois clairement que la figure eſt le mode d'une Subſtance étendue. Il n'y a nulle difficulté à concevoir comment des propriétés appartiennent

B ij

à un sujet, lorsque l'idée de ces propriétés renferme clairement celle du sujet auquel elles appartiennent. Mais après cela, je m'apperçois qu'il est ridicule de faire une question bien difficile de celle-ci : *Comment une Substance a des idées ?* Car sachant très-certainement que j'ai des idées, & que moi qui les ai suis une Substance pensante, je vois avec l'évidence la plus parfaite, que les idées sont des modes ou propriétés de la Substance qui pense, quoique je ne voïe point du tout, ni que le Corps pense, ni que les idées puissent être des modes ou des propriétés du Corps.

Nous voilà heureusement tirés d'un mauvais pas, mon cher Monsieur. Mais que répondrons-nous au procès d'impiété que M. de V. intente à ceux qui refusent d'adopter la thèse de Locke ? Selon lui, " ce " sont eux-mêmes qui sont coupables d'irré- " ligion. En effet, quel est l'homme qui " osera assurer sans une impiété absurde, " qu'il est impossible au Créateur de donner " à la Matière la pensée & le sentiment ? " Voyez, je vous prie, à quel embarras " vous êtes réduit, vous qui bornez ainsi " la puissance du Créateur." Quelque grave que soit l'accusation, loin de nous en épouvanter, nous en rirons, s'il vous plaît. Au moins je n'ai pu m'empêcher de rire de très-bon cœur en lisant cet endroit, & je vous conseille d'en faire de même. En vérité, ce trait de zèle a tout à fait bonne grace chez notre Poëte, & ne pouvoit se placer plus à propos ? Par malheur pour lui, il ignore que les natures des choses immuables, ne sont point l'objet de la Toute-puissance divine. Cependant il semble qu'un homme qui déplore (page 72.) l'égarement de Descartes, d'avoir prétendu *que deux & deux ne font quatre que parce que Dieu l'a voulu ainsi*, ne devoit point ignorer cela. Mais croyez-moi, Monsieur, un Poëte comme Voltaire n'y regarde point de si près. Ce sera sans doute sur l'autorité de quelque Savant qu'il aura traité cette opinion d'erreur, comme c'est sur l'autorité de Locke qu'il croit la Matière susceptible de pensée & de sentiment.

Les Bêtes, ajoute-t-il, *ont les mêmes sentimens & les mêmes perceptions*. On l'embarrasseroit, je crois, beaucoup, si on l'obligeoit à prouver ces deux choses; & que les Bêtes ont du sentiment, & qu'elles n'ont point l'Ame spirituelle. Sans cela, leur exemple ne prouve rien.

Sa Lettre finit par un éloge du Philosophe Anglois, dont la sage & modeste Philosophie, loin d'être contraire à la Religion, lui serviroit, dit-il, de preuve, si la Religion en avoit besoin. L'apologie me paroît un peu embarrassée, & le Panégyriste m'est suspect.

B iij

Mieux te vaudroit perdre ta renommée,
Que cueillir los de si mauvais alloi !

En effet, Locke est ici certainement
mal représenté. On affecte de le montrer
par un endroit, qui ne lui faisant point.
d'honneur auprès des vrais Philosophes,
ne sauroit plaire qu'aux Libertins. On répand sur tout ce qu'on lui fait dire, un
air Pyrrhonien, quoiqu'il fût lui-même
très-éloigné du Pyrrhonisme, qu'il a solidement réfuté dans ses Ecrits. Locke étoit
un vrai Philosophe Chrétien, qui ne *révé-
roit* point nos *Mystères* en les croyant *contraires à nos démonstrations*, ce qui ne seroit ni d'un Chrétien ni d'un Philosophe.
Cette profane antithèse de *Démonstration*
& de *Mystère*, ne pouvoit être plus mal
amenée qu'au sujet d'un Auteur que l'on
sait s'être particulièrement attaché à montrer la parfaite harmonie (*) qui règne entre la Raison & la Foi, & à faire voir que
celle-ci aiant nécessairement son point-d'appui dans celle-là, leurs différens objets
ne sauroient se contredire. Afin de se réconcilier avec toutes les deux, M. de V.
feroit bien d'étudier les Ouvrages de celui qu'il a tant loué. Je suis, &c.

(*) On peut consulter l'Extrait de l'*Essai
Philosophique sur l'Entendement Humain*, donné
par Locke lui-même dans le VIII. Vol. de la
Biblioth. Univ. page 137. &c.

II. LETTRE.

Sur le meme Sujet.

JE ne ſai, Monſieur, ſi vous avez pris
garde à une choſe : c'eſt que les ennemis de l'Immortalité de notre Ame ſont
preſque toujours mine de n'en vouloir qu'à
ſa Spiritualité. Ils uſent en cela d'une
adreſſe ſingulière, qui mérite d'être obſer-
vée. Car comme ils ſavent aſſez que tout
le monde n'apperçoit pas l'étroite liaiſon
qu'il y a entre ces deux doctrines, ils ſe
promettent bien qu'aiant ſappé l'une, l'autre tombera d'elle-même ; & ils marchent
volontiers par ce chemin couvert, qui les
mettant à l'abri du ſoupçon, ne les con-
duit pas moins droit à leur but.

Ces M^{rs}. ne manquent point de repré-
ſenter d'abord, que la queſtion ſur la nature de l'Ame eſt une queſtion de pure Philoſophie ; où la Religion n'eſt nullement
intéreſſée ; que non-ſeulement tous les
anciens Philoſophes, mais même pluſieurs
Peres de l'Egliſe tiennent l'Ame matérielle ; que de nos jours, des Philoſophes
Chrétiens, tels que (*) Locke, ont cru

(*) Voyez ſon *Eſſai ſur l'Entendement Humain*, Liv. IV. Chap. 3.

B iv

devoir laisser indécis ce Problème, *Si la Matière est capable de penser ou non*; & qu'après tout, rien n'empêche qu'on ne croie sur un témoignage divin, que Dieu rendra nos Ames immortelles, quand elles ne seroient pas naturellement qualifiées pour cela par leur Spiritualité.

Pour commencer par le dernier des prétextes qui sert ici de masque à l'impiété de nos Esprits-forts, il n'y a point de doute que Dieu ne pût rendre l'Ame immortelle, quand même elle seroit Corps, puisqu'il peut rendre nos Corps immortels. Un homme déja bien persuadé de la divinité de l'Ecriture, croit sur son témoignage l'immortalité de l'Ame, tout comme sur ce même témoignage il croit que les Corps ressusciteront un jour. Cependant, rien ne nous disposant mieux à la Foi, rien n'étant plus propre à nous y affermir, que de voir l'accord des Vérités qu'elle enseigne, avec celles que nous découvrent nos lumières naturelles; il est certain que la bonne Philosophie rend ici un grand service à la Religion, en nous faisant voir que tout ce que cette dernière nous dit touchant l'excellence de nos Ames, & la noble fin à laquelle le Créateur les destine, se trouve fondé sur ce que nous pouvions déja connoître de leur nature. Tout raisonnement donc qui tend à dégrader l'Ame, en attaquant les preuves que la Raison nous fournit pour son immatérialité, nuit par contrecoup à la Religion, parce qu'il obscurcit en ce point la liaison des Vérités naturelles avec les révélées, qu'il favorise le préjugé où est l'Incrédule que l'Ame meurt avec le Corps, & qu'il lui fournit contre la Foi, matière à de nouveaux doutes.

Jesus-Christ dans son Evangile ne raisonne point en Philosophe sur la nature de l'Ame; mais en adressant ses leçons à des hommes doüés de Raison, il suppose en eux les connoissances que la Raison leur fournit, & bâtit sur des notions qu'ils ont actuellement. Ainsi, quand il nous parle de la dernière fin de l'Homme, quand il nous prescrit tous les devoirs de sa Religion, quand il nous annonce les récompenses & les peines d'une autre Vie, quand il nous promet l'immortalité, tout l'édifice de sa Doctrine porte sur le fondement de la distinction du Corps d'avec l'Ame, & de la prééminence naturelle de l'Ame sur le Corps. Or la vraie Philosophie éclaircit cette distinction, elle appuie cette prééminence de l'Ame, & résout les difficultés qu'on y oppose. Après cela, se soucier peu de ce qu'elle nous apprend à cet égard, dire qu'il ne nous importe guères de quelle nature soit l'Ame, pourvû que Dieu nous ait révélé qu'elle ne doit point mourir; c'est comme si l'on disoit, que peu nous importe que la lumière naturelle nous con-

B v

vainque de la justice des devoirs qui nous
font prescrits dans l'Evangile, que c'est une
pure question de Philosophie où la Religion n'a nul interêt, & qu'il nous suffit
pour obéir à ces devoirs, qu'une autorité
divine nous les impose. N'est-il pas vrai,
Monsieur, que nous nous défierions à bon
droit de la sincérité d'une soumission, qui
rejetteroit ainsi toute lumière ? Défions-
nous de même de ceux qui, sous prétexte
de s'en tenir humblement aux promesses de
Dieu touchant l'immortalité de nos Ames,
méprisent les autres preuves qu'on leur en
donne ; & craignons que le spécieux dessein que certaines gens affectent, d'élever
la Foi en abaissant la Raison, n'ait pour
but réel d'anéantir la Foi même.

Il est vrai que la plupart des anciens
Philosophes, sans en excepter ceux, qui
reconnoissant une Providence, & une autre Vie après celle-ci, ont le mieux parlé de la dignité naturelle de l'Homme &
de ses devoirs, crûrent l'Ame matérielle.
Il y a plus ; d'anciens Docteurs de l'E-
glise ont eu la même pensée. Mais nos
Beaux-Esprits modernes ne gagnent rien à
réclamer de pareilles autorités.

1°. La différence est grande entre le procédé de gens qui, lorsque les lumières d'une
Philosophie exacte n'avoient point encore
éclairé le Monde, admettoient par pur
préjugé d'imagination la matérialité de

l'Ame, en rejettant les conséquences qu'a-
mène réellement ce principe ; la différence, dis-je , est extrème entre un pareil
procédé , & celui de nos nouveaux Docteurs , lorsque , sans rejetter formellement
ces conséquences, & même en les insinuant
d'une façon assez claire , ils combattent
de toute leur force les puissantes raisons,
dont une Philosophie lumineuse appuie le
principe opposé.

A cette prémière réflexion, j'en ajoute
une seconde. Ceux qui croyant l'Ame matérielle , ont crû en même-tems son immortalité avec ses suites par rapport à une
Religion & à un état à venir, ont conçû
tout autrement sa nature , que ne la con-
çoivent ceux, qui s'opposent aujourd'hui
avec une espèce de passion , aux argumens
allégués en faveur de sa spiritualité. Quoique les prémiers crussent l'Ame matérielle,
ils la croyoient distincte du Corps ; c'est-
à-dire , qu'ils la croyoient distincte de ce
Tout organisé que nous appellons notre
Corps. Ils la regardoient comme faisant une
Espèce à part , comme une portion de
Matière éthérée , subtilisée , quintessen-
ciée, qui aïant son siége dans le Cerveau,
n'étoit pourtant point le Cerveau, & ani-
moit les organes grossiers & terrestres,
sans se confondre avec eux. Selon ces Philosophes, cette portion de Matière, deve-
nue intelligente en vertu d'une certaine

B vj

forme qu'elle avoit reçue du Créateur, subſiſte après la diſſolution du Corps groſ-ſier qui lui ſervoit d'organe & d'envelope, elle conſerve ſes propriétés eſſentielles, elle eſt proprement la Perſonne ou le Sujet moral des peines & des récompenſes, du bonheur ou de la miſère d'une autre Vie. En un mot, les Philoſophes Païens qui tenoient pour l'immortalité de l'Ame, & les an-ciens Docteurs de l'Egliſe qui ſur les pro-meſſes de l'Evangile croyoient encore bien mieux ce dogme, ont dû néceſſairement être perſuadés, auſſi l'enſeignent-ils tous, que l'Ame, quoique matérielle, ſelon eux, eſt une Subſtance diſtincte du Corps, ca-pable de lui ſurvivre & de ſubſiſter avec toutes ſes propriétés, après que le Corps eſt réduit en poudre.

Nos Libertins d'aujourd'hui philoſo-phent tout autrement ſur la nature de l'Ame. Ils prétendent que c'eſt l'organi-ſation de notre Cerveau qui nous fait pen-ſer; que l'Ame, à la prendre pour une Subſ-tance diſtincte du Corps, eſt une chimè-re; que le principe de la vie animale étant en même-tems celui de nos opérations in-tellectuelles, la mort, qui éteint la vie ani-male en arrêtant le mouvement de la ma-chine, détruit auſſi ces opérations, & anéan-tit ce qu'il nous plaît d'appeller notre Ame.

Il eſt clair que confondre de la ſorte l'Ame

avec le Corps, c'est ruiner tout d'un coup l'immortalité de la Personne intelligente, & nous ravir sans ressource l'espérance d'une autre Vie. En effet, s'il n'y a autre chose dans l'Homme que le Corps organisé, avec ce qui résulte de son organisation, l'Homme après la mort n'est plus rien qu'un peu de cendre ; ce n'est point un Etre responsable de ses actions, ni susceptible de récompenses ou de peines. Dès-lors tous les devoirs, toutes les promesses de la Religion deviennent un vain phantôme pour lui. Aura-t-on recours (*) au dogme d'une Résurrection, pour réconcilier un tel Systême de l'Ame avec l'attente d'un Monde futur? Mais outre que ce bizarre Systême, où l'Ame mourroit avec le Corps, pour ressusciter avec lui, seroit directement contraire à cette même Révélation sur laquelle seule on pourroit vouloir l'appuyer ; il seroit encore combattu par les puissantes difficultés que l'on trouve à maintenir l'identité parfaite des Corps que la Résurrection nous doit rendre, avec ceux dont la mort nous dépouille. Car sup-

(*) Le Cardinal *du Perron* impute à *Luther* d'avoir crû que l'Ame meurt avec le Corps; pour ressusciter avec lui. Voyez *Perroniana*, sur le mot *Luther*. Bayle l'en justifie dans l'Article *Luther*, Rem. DD. Voyez dans la Rem. E. du même Article, d'autres gens à qui cette opinion est attribuée.

poſé que notre Corps ſoit notre Perſonne entière, on ne peut plus dire que l'Homme qui meurt aujourd'hui, doive reſſuſciter un jour, s'il n'eſt point vrai dans toute la rigueur du terme, que ce ſoit le même Corps qui doive reſſuſciter (*).

Voilà donc, Monſieur, au ſujet de l'Ame deux Syſtèmes dont la différence eſt bien ſenſible, tant dans le principe que dans les conſéquences. L'un fait l'Ame diſtincte du Corps, l'autre la confond avec le Corps. Dans ce dernier, l'immortalité eſt une chimère; tandis que dans l'autre, rien n'empêche de croire ce dogme, & de le défendre de très-bonne foi. Avec les Matérialiſtes de la prémière claſſe, la queſtion de la Spiritualité de l'Ame devient purement philoſophique, je l'avoüe. Si leur Erreur intéreſſoit la Religion, ce n'étoit que par des conſéquences trop fines pour ſe laiſſer facilement appercevoir à des Eſprits qui en fait de raiſonnement n'avoient pas le coup-d'œil fort juſte. Cependant il eſt aiſé de montrer que ce milieu, qu'ils prenoient entre le Syſtème d'une

(*) Le célèbre *Abbadie* compoſa peu avant ſa mort un Traité *de l'Immortalité de l'Ame*, où il prouvoit ſa diſtinction d'avec le Corps par l'identité de la Perſonne, qui demeure la même durant toute la vie d'un Homme, quoique ce ne ſoit plus le même Corps. Ce Traité ne s'eſt point trouvé.

Ame immatérielle, & celui de nos Libertins, n'étoit point un poste tenable. L'autorité de la Révélation mise à part, s'ils eussent dirigé leurs méditations suivant cette méthode exacte que nous a produit le dernier Siècle, ils se seroient bientôt convaincus que les mêmes raisons philosophiques qui leur firent reconnoître l'Ame pour une Substance distincte du Corps organisé, les engageoient à la distinguer totalement d'avec la Matière, comme d'avec une Substance de différent genre.

Pour leur rendre ceci plus sensible, il n'y eût eu qu'à leur mettre en tête un partisan du second Système, qui les prenant par leurs propres principes, leur auroit dit : Puisqu'une Matière quelconque peut penser, pourquoi ne pas attribuer tout d'un coup cette propriété à notre Cerveau, que son organisation si fine & si merveilleuse semble destiner à cela, plutôt que d'aller se figurer je ne sai quelle Substance matérielle distincte de lui, qui soit le sujet dans lequel la pensée réside ? Dès que vous tenez l'Ame matérielle, vous voilà obligés de convenir qu'une certaine forme imprimée à la Matière, peut la rendre intelligente. Mais qui vous a dit que la forme du Corps humain n'a pas cette propriété ? A quoi bon multiplier sans nécessité les Etres, & ne pas rapporter dans l'Homme au même principe, sa vie animale &

ſon intelligence, en le réduiſant au ſort du reſte des Animaux, chez qui tout meurt à la fois? Il eſt viſible que nos Philoſophes, preſſés avec un tel argument, n'uſſent pû maintenir la diſtinction des deux Subſtances, que par des raiſons qui dépouillent l'Ame de toute matérialité. Auſſi oſe-je avancer hardiment ce paradoxe, c'eſt qu'y aïant des opinions contenues pour ainſi dire dans d'autres, comme dans leur germe, quoique ſouvent le préjugé, ou bien un manque d'attention empêche qu'on ne les y dévelope; ceux qui ont enſeigné la diſtinction réelle du Corps d'avec l'Ame, ont tous crû implicitement la ſpiritualité de celle-ci, au même-tems que le faux préjugé de leur imagination la leur repréſentoit étendue & matérielle. Ils ont donc ſenti le vrai; mais pour ne l'avoir pas aſſez éclairci, ils y ont mêlé un faux qui y étoit contradictoire: mélange qu'il n'eſt pas rare de rencontrer dans les opinions des hommes. Et cela même ſert à confirmer une obſervation que je faiſois tout à l'heure: c'eſt que comme la Révélation établit clairement dans l'Homme la diſtinction des deux Subſtances dont il eſt le compoſé, il s'enſuit que toute Hypothèſe qui fait l'Ame materielle, en ruinant le fondement de cette diſtinction, devient auſſi contraire à la Religion qu'elle l'eſt à la ſaine Philoſophie. Vous voyez, Monſieur,

que loin de prendre la queſtion ſur la nature de l'Ame, pour une pure curioſité
de Philoſophes oiſifs, nous devons la regarder au contraire comme étant d'une
conſéquence extrème ; & nos Libertins
en ſont eux-mêmes tellement convaincus,
qu'il n'eſt point d'efforts qu'ils ne fiſſent
pour la déterminer en leur faveur. Auſſi,
quoique je me ſouvienne fort bien de vous
avoir déja entretenu ſur ce ſujet, je ne
crains point de vous ennuyer en le repre-
nant aujourd'hui ; & c'eſt encore le même
Auteur qui m'en fournit l'occaſion.

M. de Voltaire, non content d'avoir
combattu l'immatérialité de l'Ame dans
la XIII. de ſes *Lettres Philoſophiques*, eſt
revenu à la charge par un nouvel Ecrit
qu'on m'a montré depuis peu, & qui eſt
entièrement ſur le même ton ; juſques-là
qu'on y trouve mot pour mot divers endroits qu'on a lûs dans l'autre Ouvrage.
Cependant, comme (*) la nouvelle Pièce
contient diverſes choſes que l'Auteur trou-
va bon de ſupprimer lorſqu'il publia ſon
Livre, ou qu'il a jugé convenable d'a-
jouter depuis, j'ai crû d'autant moins les
devoir paſſer ſous ſilence, que leur exa-

(*) Elle eſt inſérée dans un Recueil intitulé,
Amuſemens Littéraires, ou Correſpondance &c.
Tom. II. pag. 179. Ce Recueil eſt imprimé à
la Haie chez *Van Duren*, 1740. L'on y dit que
M. de V. écrivit cette Lettre le 4 Juin 1736.

men me va donner lieu d'appuyer mes pré-
mières réflexions : car c'elt-là le propre de
la Vérité , que ses preuves se multiplient
avec les sophismes qui l'attaquent.

M. de V. plus hardi & plus enjoué dans
cette dernière Lettre que dans l'autre , déclare d'abord avec franchise , qu'*après avoir
examiné l'infaillible Aristote , le divin Platon , le Docteur Angélique* (doit-on douter
qu'il n'ait lû exactement ces Auteurs ?)
*il a pris toutes ces épithètes pour des sobri-
quets.* " Je n'ai vû , *continue-t-il* , dans
" tous les Philosophes qui ont parlé de
" l'Ame humaine, que des Aveugles pleins
" de témérité & de babil, qui s'efforcent
" de persuader qu'ils ont une vûe d'Aigle ;
" & ceux qui les croyent sur leur parole ,
" me font compassion ; ce sont des gens
" fascinés , qui s'imaginent aussi eux-mê-
" mes de voir quelque chose , quoiqu'ils
" n'en aïent aucune notion claire & évi-
" dente. "

Ensuite il rejette en propres termes la
spiritualité & l'immortalité de l'Ame, ap-
pellant ce dogme (*) *une invention de la
Politique Egyptienne.* Que si vous lui de-
mandez son opinion sur la nature de l'Ame,
il vous dira , qu'*il soupçonne avec bien de
l'apparence , qu'Archimède & une Taupe sont
de la même* (†) Espèce, *quoique d'un* Genre

(*) *Amns. Litt.* ubi supr. pag. 193.
(†) Il a voulu dire, *du même Genre,* quoi-

différent ; de même qu'un Chêne & un grain de Moutarde sont formés par les mêmes principes , quoique l'un soit un grand Arbre , & l'autre une petite Plante. Que Dieu a donné des portions d'intelligence à des portions de Matière organisée pour penser , & qu'elle pense à proportion de la finesse des Sens.

Il est vrai que M. de V. ne donne cela que comme un *soupçon qui a bien de l'apparence ;* comme *la manière la plus simple , la plus naturelle de raisonner sur ce sujet , c'est-à-dire, de deviner & de soupçonner.* J'ai là-dessus deux observations à faire 1°· Que l'opinion de notre Auteur le met dans cette seconde Classe de Matérialistes , qui nient toute distinction entre l'Ame & le Corps, attribuant nos facultés intellectuelles à la seule organisation du Cerveau ; Système que j'ai fait voir être le renversement de celui du Christianisme. J'observe en 2d· lieu, que cet Auteur se moque de nous , & qu'il veut nous en imposer , lorsqu'il débite son opinion sur le pied d'une simple *conjecture.* Ce ton modeste ne sauroit être sincère , puisque tout le reste de la Lettre le dément. Car celui qui prétend convaincre par bonnes raisons les partisans

que *de différente Espèce.* Il faut pardonner à M. de V. si , devenu Philosophe depuis assez peu de tems , il se brouille en parlant cette Langue étrangère , & dit quelquefois le contraire de ce qu'il veut dire.

de la fpiritualité de l'Ame, d'erreur &
d'abfurdité manifefte ; celui qui traite le
dogme de notre immortalité, d'invention
de la Politique, & d'illufion de l'Orgueil
humain ; ne fe borne pas affurément
à foupçonner que l'Ame n'eft point diftincte du Corps : mais il décide de la façon la plus pofitive, que cette Ame eft
corporelle, & que la Matière penfe.

Ce qu'il y a de plus furprenant en ceci, c'eft de voir M. de V. en ufer de la
forte, après s'être ôté tout moyen, non
feulement de rien décider, mais même de
rien conjecturer avec vraifemblance fur ce
fujet. Car s'il eft vrai, comme il nous l'affûre, que nous ne connoiffions ni l'Efprit
ni la Matière, & que nous ne foyons pas
même fûrs de l'exiftence de l'un & de
l'autre ; je voudrois bien favoir fur quel
fondement il foupçonne, que la Matière
penfe à proportion de la fineffe de fes organes ? & ce qui peut donner de la vraifemblance à une pareille conjecture ?

Mais paffons-lui ces contradictions d'un
Pyrrhonifme mal foutenu, pour examiner par quels argumens il combat le Syftème d'une Ame immatérielle, diftincte
du Corps. *Prémiérement*, dit-il, *le mot d'Ame
eft un de ces termes qu'on prononce fans l'entendre. Nous n'entendons que les chofes dont
nous avons une idée : nous n'en avons point de
l'Ame ni de l'Efprit : donc nous ne l'enten-*

dons point. Qui lui a dit que nous (*) n'a-vons point d'idée de l'Ame & que nous ne favons ce qu'il faut entendre par-là ? Où prend-il que nous fuppofons d'abord fans le favoir, qu'il y a une Ame ; & puis, que nous difons ce que ce doit être ? Nous connoiffons notre Ame, par le fentiment intime que nous avons de fon exiftence, de fes attributs, de fes diverfes opérations ; tout comme nous connoiffons le Corps, par la vûe de fes propriétés diverfes. On ne peut pas plus nous refufer l'idée de cel-le-là, que l'idée de celui-ci ; par l'une nous entendons une chofe qui fent, qui

***

(*) Le P. *Malebranche* foutient, à la vérité, que nous n'avons point d'idée de l'Efprit, comme nous avons du Corps ; prenant le mot d'*idée* dans un fens plus reftraint qu'il ne fe prend d'ordinaire. Mais il n'a pas prétendu pour cela que nous n'entendons point ce que c'eft qu'Efprit, ni que nous ne puiffions nous affûrer de l'immatérialité de l'Ame. Citons à ce propos un endroit remarquable de *Bayle*, où M. de V. trouvera fa condamnation fur plus d'un article. Parlant de la difpute du P. *Ma-lebranche* avec Mr. *Arnaud*, fur les idées : *Cette difpute,* dit Bayle, *nous montre que la manière dont nous connoiffons les objets eft inexplicable, & peut nous faire de grandes leçons d'humilité. Elle peut nous apprendre fur-tout, qu'encore que nous connoiffions très-certainement l'exiftence & l'im-matérialité de notre Ame, nous n'en avons point d'idée.* Nouv. de la Rép. des Lettres, Avril 1684. pag. 125.

penfe, qui veut, qui raifonne ; comme
par l'autre nous entendons une chofe étendue, folide, mobile, colorée &c. Que fi
l'on m'objecte, que l'idée que j'ai de mon
Ame, ne me manifefte point clairement le
fond de fa nature ; M. de V. avoüe la même chofe du Corps, qu'il foutient que nous
ne connoiffons pas, ne pouvant entendre
par-là qu'un certain affemblage de qualités, de couleurs, d'étendues &c. Ainfi
l'argument dont il fe fert concluroit auffi
bien contre l'exiftence du Corps, que contre celle de l'Ame.

Vous avez beau faire, s'écrie notre Philofophe avec un grand air de fatisfaction,
*vous ne faurez jamais autre chofe, finon que
vous êtes Corps, & que vous penfez.* Ne lui
en déplaife, il dérange un peu l'ordre de
nos connoiffances. Je fuis affuré que je
penfe, avant que d'être affuré d'avoir un
Corps. Il eft bien plus clair, que moi qui
crois avoir un Corps, j'exifte réellement
en qualité d'Etre qui penfe ; qu'il n'eft
clair que ce Corps que je crois avoir, que
cet affemblage de couleurs, d'étendues,
de folidités, exifte hors de mon imagination dans la nature des chofes.

Nous fommes Corps, & nous penfons ; c'eft
à ces deux points que M. de V. réduit la
Science de ces Mrs. qui prétendent, dit-il,
être fi favans. Il croit par-là les avoir bien
humiliés, ne voyant pas que ce feul aveu

leur accorde tout ce qu'ils demandent, &
qu'ils n'ont besoin que de ces deux petits
mots pour renverser toute sa Lettre. En
effet, puisqu'il est certain que je pense, ou
que je suis une chose qui pense, il est certain qu'à cet égard je suis une chose indivisible, qui n'a ni étendue, ni parties sépara-
bles l'une de l'autre; comme il est certain
qu'au contraire à l'égard du Corps, je suis
une chose étendue & divisible, & la certitude que j'ai de réunir en moi ces attributs
opposés, me prouve que je suis un composé de deux choses essentiellement différentes; ou, pour m'exprimer plus juste,
n'y aiant dans ce composé que la chose qui
pense qui puisse être proprement Moi, j'ai
certitude qu'un sujet très-distinct de Moi
qui pense, m'est étroitement uni & m'appartient. Ces Raisonneurs, que M. de V.
trouve bon de tourner en ridicule, n'ont
donc aucun tort. Bâtissant sur des principes indubitables, & raisonnant conséquem-
ment à ces principes, ils aiment mieux reconnoître un mystère dans la nature de
l'Homme, que d'y admettre une absurdi-
té. Ils aiment mieux y reconnoître l'assemblage de deux Etres de différent genre,
que le Créateur aura unis ensemble sous
de certaines loix & par des nœuds inconnus, pour opérer de concert; que d'admettre dans un seul & même Etre, des
attributs dont ils apperçoivent clairement

l'incompatibilité. Cette union entre deux Subſtances de différente nature a bien quelque choſe d'obſcur ; mais d'un côté, elle n'implique aucune contradiction ; de l'autre, elle eſt inconteſtable par l'expérience intime que nous en faiſons. Au-lieu que la prétendue union de la Penſée & de l'Etendue dans une ſeule & même Subſtance, qui par-là ſe trouveroit diviſible & indiviſible tout à la fois, eſt quelque choſe de contradictoire & d'impoſſible, loin qu'aucune expérience en puiſſe prouver la réalité.

Quant à la Matière, continue M. de V. en s'adreſſant à ſes Antagoniſtes, *vous enſeignez gravement, qu'il n'y a en elle que l'étenduë & la ſolidité. Et moi je vous dis modeſtement, qu'elle eſt capable de mille propriétés que ni vous ni moi ne connoiſſons pas. Vous dites que l'Ame eſt indiviſible, éternelle ; & vous ſuppoſez ce qui eſt en queſtion.*

La Matière eſt capable de mille propriétés que nous ne connoiſſons pas. Je n'ai garde de lui conteſter cette propoſition *modeſte*, qui ne fait rien ſu ſujet. Il s'agit de ſavoir, non ſi la Matière, outre les propriétés que nous lui connoiſſons, en a encore d'autres qui nous ſont inconnues ; mais ſi elle eſt capable d'une propriété qui nous eſt très-connue, ſavoir la Penſée. Nous ſavons ce que c'eſt que Penſée, comme nous ſavons ce que c'eſt qu'Etendue & Solidité,

lidité. D'où il s'enfuit, qu'en attribuant
à la Matière la propriété de penfer, l'on
bleffe le bon-fens encore plus que la mo-
deftie, puifque c'eft comme fi l'on affir-
moit du Triangle, les propriétés qui appartiennent au Cercle. Il eft évident, que
comme on peut hardiment nier du Triangle certaines propriétés qui ne lui conviennent pas, fans avoir befoin pour cela
de connoître toutes celles qui lui peuvent
appartenir; on peut de même refufer à la
Matière la propriété de penfer qui ne lui
convient point, quoique nous ignorions encore plufieurs propriétés de la Matière.
Du refte, on ne fuppofe point ce qui eft en
queftion, lorfqu'on dit que l'Ame, ou la
chofe qui penfe, eft indivifible; car on
n'affirme alors que ce que l'on voit clairement. Mais prétendre que la Matière peut
penfer, c'eft en effet fuppofer la queftion,
puifque c'eft affirmer qu'il y a entre la
Penfée & la Matière une liaifon que perfonne ne fauroit y voir.

On n'en apperçoit guères plus entre les
diverfes penfées de la Lettre. Ce qu'elle
nie dans un endroit, ruine ce qu'elle affirme ailleurs; & par une efpèce de guerre
inteftine, les divers raifonnemens de M.
de V. s'y détruifent l'un l'autre, fans qu'il
foit befoin d'y toucher. En vérité, je e
plains de n'avoir pas mieux médité le fujet fur lequel il avoit deffein d'écrire, &

C

mieux aſſorti ſes propres principes : car
c'eſt un malheur aſſez ſingulier, que ce
qu'il nous accorde ici de Science, & ce
qu'il nous en refuſe, nuit preſque également à ſon but ; & que le peu de connoiſſances qu'il nous laiſſe, ſuffit pour établir
le ſentiment qu'il veut proſcrire, tandis
que l'ignorance à laquelle il nous condamne, lui ôte à lui-même tout moyen de
prouver celui qu'il veut établir. Tâchez,
Monſieur, ſi vous le pouvez, de faire un
tiſſu bien lié des énonciations ſuivantes.

  " Vous avez beau faire, vous ne ſaurez
" jamais autre choſe, ſinon *que vous êtes*
" *Corps, & que vous penſez*. Le mot d'*Ame*
" eſt un de ces termes que chacun *prononce*
" *ſans l'entendre*. Nous n'entendons que les
" choſes dont nous avons une idée ; nous
" n'en avons point de l'Ame ni de l'Eſprit ;
" donc nous ne l'entendons point. Ces
" Mrs. ſont bien ſavans : ils ſuppoſent d'a-
" bord qu'il y a une Ame, & puis ils nous
" diſent ce que ce doit être. Ils pronon-
" cent le nom de *Matière*, & décident
" enſuite hardiment ce qu'elle eſt. Et moi
" je leur dis : *Vous ne connoiſſez ni l'Eſprit*
" *ni la Matière*. Par l'Eſprit, vous ne
" pouvez imaginer que *la faculté de pen-*
" *ſer ;* par la Matière, vous ne pouvez en-
" tendre qu'*un certain aſſemblage de qua-*
" *lités, de couleurs, d'étenduës, de ſolidi-*
" *tés* ... Vous avez aſſigné les limites

"de la Matière & de l'Ame *avant d'être*
"*sûrs seulement de l'existence de l'une & de*
"*l'autre.*" M. de V. me permettra de me
fonder sur ses propres paroles, pour raisonner ainsi avec lui. Vous ne pouvez,
Monsieur, savoir que vous êtes Corps,
c'est-à-dire, selon votre définition, une
chose étendue, colorée, solide, & savoir
que vous pensez, c'est-à-dire, que vous
êtes aussi une chose qui apperçoit & qui
sent, que vous ne soyez sûr en même-
tems de l'existence du Sujet où ces propriétés se rencontrent, & que vous n'ayez
au moins quelque idée de ce Sujet. Vous
voyez donc bien que vous avez eû tort
de dire que nous ne connoissons ni l'Esprit ni la Matière, & que nous ne sommes pas même sûrs de l'existence de l'une
& de l'autre. Vous voyez encore, que la
question entre-nous se réduit à ceci, de
savoir si la chose qui pense, est la même
qui a de la couleur, de l'étenduë & de
la solidité, ou bien si ce sont deux choses distinctes ; si ces propriétés diverses,
de sentiment & de pensée d'un côté, de
solidité & d'étenduë de l'autre, logent
dans un même Sujet, ou bien si elles en
supposent deux différens. Cette question,
nous la décidons vous & moi d'une manière opposée. Vous dites qu'il n'y a qu'un
seul Sujet de ces différentes propriétés, &
que ce Sujet est la Matière. Moi au con-

traire, je foutiens qu'il y a deux Sujets dif-
tincts. Mais j'ai fur vous cet avantage,
que vos propres aveux autorifent ma
conclufion, tandis qu'ils s'oppofent à la
vôtre : car fachant que je penfe, cette
fcience que vous m'accordez m'apprend
auffi que le Sujet qui penfe, exclud par
cela même toute compofition & toute
divifibilité : d'où j'infére avec raifon,
que ce Sujet n'eft pas celui qui eft étendu , compofé & divifible. Mais pour
vous , qui faites profeffion d'ignorer le
vrai fonds d'où émanent ces différens
attributs , vous n'avez pû fans témérité
les rapporter tous au même Sujet , en
foutenant que la Matière , c'eft-à-dire,
une Subftance que vous ne connoiffez
point du tout, n'eft pas moins capable
de penfée que d'étenduë. Ecoutons l'Auteur tirer lui-même fes conclufions. *Je
ne dois pas , dit-il , attribuer à plufieurs
caufes , fur-tout à des caufes inconnues ,
ce que je puis attribuer à une caufe connue.
Or je puis attribuer à mon Corps la faculté
de penfer & de fentir ; donc je ne dois point
chercher cette faculté dans une Subftance
appellée Ame ou Efprit , dont je ne puis
avoir la moindre idée.*

M. de V. n'a pû dire en aucun fens,
que la Matière eft une caufe connue ; foit
qu'il entende par-là qu'elle eft connue en
tant que Sujet des différentes propriétés

dont l'assemblage, par sa propre définition, se nomme *Matière*; soit qu'il veuille
dire qu'elle est connue entant que cause
de la pensée & du sentiment. 1°· Il n'a pû
dire que la Matière soit connue entant que
Sujet, aïant nettement déclaré plus haut,
que nous ne connoissons point la Matière,
& que par ce mot on exprime simplement
un certain assemblage de couleurs &c.
Beaucoup moins en 2^d· lieu a-t-il pû avancer, que ce Sujet inconnu en lui-même,
& de l'existence duquel nous ne sommes
pas sûrs, à ce qu'il dit, soit la cause connue de la pensée & du sentiment; étant
d'ailleurs très-clair que la couleur, l'étenduë, la solidité, ne sont point la pensée & le sentiment, ni n'en sont les cau-
ses connues.

Je passe à la comparaison qu'il fait des
Défenseurs de l'Immatérialité de l'Ame,
avec un Régent de Collège qui feroit soutenir dans sa Classe de belles Thèses sur
l'Ame des Montres. Ce Régent penseroit très-juste, s'il se bornoit à soutenir
qu'une Intelligence est l'auteur de cette
Montre, qu'elle en a formé le dessein,
agencé les ressorts, & réglé les mouvemens. En effet, la Montre est un ouvrage plein d'art, qui dès-là suppose un
Ouvrier doué d'entendement, de volonté, de liberté, qui par conséquent soit
un Esprit; tout comme la structure du

C iij

Corps humain, ou celle de l'Univers, suppofe un Efprit Créateur. Jufques-là le bon Péripatéticien ne fe trompe pas. Car en ouvrant la Montre , il eft bien vrai qu'on y trouve différens reſſorts qui fervent de principe à fes mouvemens réguliers; mais ces reſſorts font eux-mêmes l'ouvrage de l'Artifte, qui les a façonnés & raſſemblés pour en tirer de tels mouvemens. Qu'on ouvre le Corps humain, l'on y trouvera la même chofe, & l'on en inférera même conclufion. Que fi notre Philofophe de Collège, qui n'a jamais ouvert de Montre, prétend pouſſer fes conjectures plus loin, & que comme des mouvemens que nous voyons faire aux Hommes qui font autour de nous , on en conclud que leur Corps eft animé par un Efprit , il veuille pareillement conclurre que la Montre a auſſi au-dedans d'elle un Efprit qui la gouverne ; il fera facile de le convaincre que fi cette conclufion eft jufte pour les Hommes , elle eft fauſſe par rapport aux Montres. Pour tirer parti de fa belle Comparaifon, M. de V. auroit dû ouvrir la Montre en effet , c'eſt-à-dire , nous montrer dans une exacte anatomie du Cerveau , les caufes méchaniques de la penfée & du fentiment , ou du moins nous y faire voir le principe de tout ce jeu extérieur de mouvement & d'actions, que nous attribuons dans l'Hom-

me à une Ame spirituelle. Mais notre
Auteur n'avoit garde de l'entreprendre :
aussi ne trouvant nullement son compte
dans cette prémière Comparaison, il subs-
titue adroitement les Bêtes aux Montres.
Il prend d'un côté un Chien, un Chat,
un Serin ; de l'autre un Enfant nou-
vellement né. Mais ce nouveau parallèle, qui lui pourroit servir de quelque
chose contre ceux qui traitent les Bêtes
de pures Machines, où il n'y a ni intelligence ni sentiment, lui devient tout à fait
inutile contre les gens qui reconnoissant
l'un & l'autre dans les Brutes, leur accordent une Ame spirituelle, quoique
d'un ordre subalterne. Ces derniers se
moqueront de son parallèle, quelque usage qu'il prétende en faire, soit pour prouver que la Matière pense, soit pour mettre de niveau l'Homme & la Bête. On
observe, il est vrai, dans l'un & dans
l'autre, des signes manifestes d'intelligence & de sentiment. Ces signes, quoiqu'ils
ne soient que des mouvemens qu'opére
immédiatement le Corps organisé, indi-
quent par leur concours, par leur caractère, par leur enchaînure, un Principe
spirituel qui gouverne ce Corps, & qui
lui est uni d'une union d'empire & de dépendance tout à la fois. En étudiant ces
divers mouvemens, & les comparant avec
ceux qui se passent en nous, il ne nous est

C iv.

pas possible de n'y point reconnoître l'effet,
l'image, l'expression naïve des sentimens
d'une Ame. Reste après cela, à déterminer si ces sentimens, ces passions peuvent
être elles - mêmes le pur effet, la simple
modification d'une Matière organisée. Cela étant clairement impossible, on en conclud avec raison, que dans l'Homme &
dans le reste des Animaux, outre le Corps
organique, il y a un Etre immatériel
qui lui est uni, qui l'anime & qui le
gouverne.

La comparaison du Chien, du Chat,
du Serin avec l'Enfant, étant donc très-
juste, à l'envisager dans ce point de vûe,
mais ne prouvant rien contre l'immatérialité de nos Ames, je n'imagine plus
qu'un usage que M. de V. en ait pû vouloir tirer : c'est de dégrader l'Homme,
en l'égalisant à la Bête. Et sans doute
que le dogme même de l'Immatérialité
lui feroit beaucoup moins de peine, pourvû que l'Homme ne fît point pour cela
une Classe à part, & que son sort ne
s'en confondit pas moins avec les Bêtes
brutes. C'est pour établir une conclusion
qu'il a si fort à cœur, qu'il nous fait
observer dans l'Ame de l'Enfant naissant,
ce vuide de connoissances, cette privation de toute lumière, cette ignorance
stupide, qui donne si bien le démenti aux
partisans des Idées innées. Après quoi il

suit pas à pas le progrès de cette Ame
novice ; & le parallèle qu'il en fait avec
celui des trois Animaux , est entièrement
tourné à l'avantage de ceux-ci. *Au bout*
de trois mois , *j'apprends un Menuet au Se-*
rin ; *au bout de dix-huit mois* , *je fais du*
Chien un excellent Chasseur ; *le Chat au*
bout de six femaines fait déja tout ses tours ;
& l'Enfant au bout de quatre ans ne fait
rien. Tout ce que cela prouve, ce me
femble, c'est que ces divers Animaux at-
teignent le point de perfection de leur
Espèce, en bien moins de tems que l'Homme n'atteint celui de la fienne ; mais cela ne prouve nullement que fes facultés
ne foient pas plus excellentes que celles
des Animaux , & que fon Espèce ne l'emporte pas infiniment fur la leur. D'ailleurs , dire que l'Enfant au bout de quatre ans ne fait rien , & qu'à l'âge de fix
ou fept il combine dans fon petit cerveau
à peu près autant d'idées que le Chien de
chasse dans le fien , c'est fe montrer un
peu partial contre la Nature humaine ; &
il faut que M. de V. n'ait connu que
des Enfans bien tardifs, ou bien ftupides.
Communément à quatre ans, un Enfant,
non-feulement fait parler, mais il donne
quantité de fignes d'intelligence. Il commence à raifonner à fix ou fept, & montre à cet âge bien plus d'esprit que n'en
ont les Animaux les plus rufés. La feule
C v

faculté de parler furpaffe dans l'Homme tout ce qu'on allègue en faveur du Raifonnement des Bêtes. *Il me communique (cet Enfant) différentes idées par quelques paroles qu'il a apprifes ; de même que mon Chien, par des cris diverfifiés, me fait exactement connoître fes divers befoins.* N'en déplaife *au très-peu Philofophe Voltaire* (*), entre les paroles de l'Enfant & les cris du Chien, la différence eft grande. On n'a point appris au Chien ces différens cris, ils font en lui l'expreffion naturelle du fentiment : au-lieu que le Langage qu'on apprend à l'Enfant, fuppofe en lui la faculté de fe former des idées, de les généralifer, de les lier aux mots, & de faire fervir la parole à un commerce libre & raifonné de fes propres penfées avec les penfées d'autrui. Cette faculté manque au Perroquet, qui n'a que celle d'articuler au hazard ces mêmes mots. Tout cela annonce dans l'Enfant une intelligence d'un ordre bien fupérieur.

Enfin, M. de V. apperçoit cent fois plus de rapport entre la Bête & l'Hom-

_____

(*) l'Epithète me paroît lui convenir bien mieux qu'à S. Auguftin, que M. de V. appelle dans fa Lettre, (apparemment fans le connoître) *le très-peu Philofophe S. Auguftin.* Le P. *Malebranche* & Mr. *de Fénelon*, qui avoient bien lû cet Auteur, le qualifioient autrement.

me, qu'entre un Imbécille & un Homme d'efprit. Pour rendre fon raifonnement avec quelque précifion, il auroit dû dire, que tel Imbécille paroît plus au deffous de telle Bête qu'on pourroit nommer, que cette Bête n'eft au deffous de tel Homme d'efprit qu'il y a. C'eft à quoi revient l'ingénieux calcul que fait M. de V. des degrés d'intelligence entre lui, fon Valet & fon Chien : calcul où l'on peut dire fans le flater, qu'il s'apprécie lui-même fort au deffous de fa véritable valeur. Mais encore, que prétend-il prouver par-là ? Qu'on allègue tous les Imbécilles, qu'on cite tous les Hommes du monde, puifqu'il n'en eft aucun qui ne naiffe dans un état d'imbécillité, ces exemples concluent feulement, que telle eft l'influence qu'a notre Ame fur le Corps auquel elle fe trouve unie ; que les defordres qui arrivent à celui-ci, nuifent au développement des facultés de celle-là. On conçoit affez comment un Corps qui devoit fervir d'inftrument à l'exercice de fes facultés, & de milieu pour leur manifeftation, peut en certains cas les offufquer & les engourdir : cette Loi eft commune aux Hommes & aux Animaux. Et de-là il arrive que l'Homme, Intelligence fupérieure, paroîtra plus ftupide dans un Corps mal difpofé, que ne le paroîtra la Bête dans un Corps difpofé comme il faut, & parfai-

C vj

tement assorti aux facultés de son Ame.

Mais cette même influence du Corps sur nos facultés intellectuelles, ne semble-t-elle pas prouver que le Corps en est le principe ? " Je vois, *dit M. de V. en pourfuivant fes expériences*, je vois que " leur faculté de fentir, d'appercevoir, " d'exprimer leurs idées, s'eſt dévelop-" pée en eux petit à petit, & s'affoiblit " auſſi par degrés. J'examine mon En-" fant & mon Chien, durant leur veille " & leur fommeil. Je les faigne outre " mefure ; leurs idées femblent s'écou-" ler avec le fang. Dans cet état je les ap-" pelle, ils ne me répondent plus ; & ſi " je leur tire encore quelques palettes, " mes deux Machines, qui avoient au-" paravant des idées en très-grand nom-" bre & des paſſions de toute efpèce, " n'auront plus aucun fentiment. J'exa-" mine enfuite mes deux Animaux pen-" dant qu'ils dorment &c. " L'argument revient à ceci : Nos facultés intelligentes paroiſſent foibles dans l'enfance ; elles femblent croître & fe développer avec l'à-ge ; on les voit fufpendues durant le fom-meil, altérées par les maladies & les di-vers accidens qui arrivent au Corps ; quand il meurt, elles difparoiſſent totalement. Donc elles n'ont point d'autre principe ni d'autre Sujet que le Corps organifé : Donc, foumiſes à fes changemens, aſſu-

jetties à ſes progrès., elles ſont entrainées
par ſa décadence , elles s'éteignent, elles
meurent avec lui.

A le bien prendre, Monſieur , cet Argument, dont mille gens ſont frappés ,
n'a d'autre force que celle que lui prête
notre Imagination. Regardez-y de près ,
vous verrez qu'il n'eſt rien moins que concluant , puiſque l'union d'une Ame imma-
matérielle , & ſon aſſujettiſſement à un
Corps organiſé , rendent ſuffiſamment raiſon de tous les phénomènes qu'on nous
objecte. Imaginez-vous un cryſtal , derrière lequel on ait allumé une bougie : ſi
cette glace vient à ſe ternir tout à coup,
la lueur de la bougie paroîtra plus ſom-
bre, vous ne l'appercevrez plus que d'une
manière confuſe. Que la glace perde ſa
tranſparence , la bougie diſparoîtra totalement , & vous la croirez éteinte. Aſ-
ſujettiſſez le plus induſtrieux Agent à une
certaine machine , en ſorte qu'il ne puiſſe remuer ſans elle ; dès que la machine
ſe détraque , l'Agent ceſſant de pouvoir
opérer avec juſteſſe, ne donne plus les
mêmes preuves d'induſtrie. Si le jeu de
la machine s'arrête, l'Agent s'arrête auſſi ;
l'on diroit qu'il a perdu toute ſon activité. Que l'on donne au plus excellent
Muſicien , un Luth qui n'eſt point d'accord ; il n'en tirera que de faux tons ,
vous ne ſaurez ce que ſon talent eſt de-

venu. De même , il eſt aiſé de conce-. voir que le Corps & l'Ame étant dans une liaiſon qui les aſſujettit mutuellement l'un à l'autre , ils ne peuvent agir que de concert. L'Ame n'exerce ſes plus nobles facultés que par l'entremiſe du Corps , qui par-là devient à la fois & l'inſtrument de ces facultés , & le milieu à travers lequel on les découvre. La Machine humaine eſt-elle en bon état ? les facultés ſpirituelles ſe développent avec avantage : mais cette Machine vient-elle à ſe démonter ? elle ſuſpend, elle trouble l'exercice de ces facultés , qui paroiſſent alors s'affoiblir , quoique leur principe immatériel demeure toujours le même. Enfin , le compoſé méchanique vient-il à ſe diſſoudre ? ces facultés diſparoiſſent à nos yeux , parce que l'union eſt rompue, & que l'Ame ceſſant d'agir ſur les organes & de pouvoir ſe ſervir d'eux , ne peut plus par conſéquent ſe manifeſter au dehors.

Dans l'Enfant , dans le Vieillard , dans le Frénétique , l'Ame eſt eſſentiellement la même ; elle ne croît ni ne diminue (*),

(*) Diſtinguons bien cette immutabilité de l'eſſence & des facultés de l'Ame , d'avec la perfection morale que lui donnent par degrés les habitudes de Science , de Vertu &c. Mais ces habitudes, qu'elle acquiert pourtant par l'entremiſe du Corps , elle les conſerve lorſque la décadence du Corps en aiant ſuſpendu l'exercice , ſemble les avoir détruites.

ne se fortifie ni ne s'affoiblit : seulement
son assujettissement au Corps qu'elle anime dans ces différens états , la fait paroître enfantine dans les Enfans , vigou-
reuse dans les Hommes sains , usée dans
les Vieillards , malade dans ceux qui ont
le cerveau blessé. Il est pour le Corps de
certains états de langueur , où l'Ame se
sent elle-même languissante , appesantie ,
moins capable d'agir , gênée dans toutes
ses opérations. Alors cette force invisi-
ble qui la lie , lui paroît un dépérissement
interne de sa propre nature. Si donc elle-
même est sujette à se méprendre sur la
vraie cause de ces changemens qui lui
arrivent , on ne doit point être surpris
de l'erreur de ceux qui ne la voyent , pour
ainsi parler , qu'à travers le Corps qui lui
est uni. Quand celui-ci meurt , sans doute que l'Ame cesse d'en dépendre & d'é-
prouver de sa part l'influence dont nous
parlons. Mais comme elle cesse en même-tems d'agir sur le Corps , & d'y donner aucun signe de son existence , la même illusion qui nous la faisoit croire infirme dans un Corps malade , nous la fait
croire morte dans un Corps mort.

Vous observerez , s'il vous plaît , Monsieur , que quand j'explique par les loix
de l'union de l'Ame & du Corps , ces expériences journalières , que l'on a du progrès & du déclin de nos facultés intelli-

gentes, on ne doit point m'objecter que
je bâtis-là sur une pure hypothèse, & qu'il
n'en résulte autre chose, si ce n'est qu'il
se peut à la vérité que notre Ame soit immatérielle, & entièrement distincte du
Corps ; mais qu'elle pourroit aussi ne l'ê-
tre pas, puisque les phénomènes s'expli-
quent également dans les deux supposi-
tions opposées. Non, Monsieur, ce n'est
point sur une hypothèse que je bâtis ; mais
sur ce principe certain, qui fait de l'Homme un composé de deux Substances de différent genre, dont l'une est Matière, &
l'autre Esprit. La nature même des facultés intelligentes que je sens en moi, &
qu'à des signes indubitables je découvre
pareillement dans les autres Hommes,
me prouve une Ame immatérielle. D'un côté, je vois avec évidence que mon Ame
qui pense, qui réfléchit, qui veut, qui
raisonne, n'est point Matière. De l'autre, mon expérience m'apprend que cette
Ame a de l'influence sur un Corps organisé, lequel en a réciproquement sur elle.
Cela posé, tout ce que M. de V. nous
objecte doit arriver nécessairement. En-
vain donc prétend-il combattre l'existence d'une Ame spirituelle, unie dans
l'Homme avec la Matière, en alléguant
des phénomènes qui se trouvent être le
résultat naturel d'une telle union, dont
l'évidence de nos idées, jointe au senti-

ment de l'expérience, nous a déja prouvé
la réalité.

(*) *Il s'est passé bien du tems, avant que les*
Hommes aïent été assez ingénieux pour imagi-
ner un Etre inconnu qui est nous, qui fait tout
en nous, qui n'est pas tout à fait nous, &
qui vit après nous. Peut-être y aura-t-il
des Lecteurs qui se payeront de ce cli-
quetis de paroles. En tout cas, ces Lecteurs ne seront guères difficiles à contenter. L'on peut aisément, quand on veut,
jetter un air de contradiction sur les pensées les plus solides, & couvrir d'un faux
ridicule la Sagesse même : mais ce presti-
ge n'impose point à de bons yeux. Voici
le fait. Notre Ame, ou ce qui pense en
nous, est proprement nous. Notre Corps
est à nous, c'est-à-dire qu'il appartient à
l'Ame, & qu'il lui est uni. Nous survi-
vons à ce Corps, quand la mort nous en
dépouille. Il nous avoit appartenu pour
un tems : cesse-t-il de vivre ? nous cessons
de le posséder. Il n'y a rien là-dedans de
contradictoire ni de ridicule. Mais affirmer au contraire, qu'*un assemblage de cou-*
leurs, d'étenduës, de solidités, soit en nous
le vrai Moi ; dire que c'est cet assemblage qui sent du plaisir & de la douleur, qui
aime & qui hait, qui nie & qui affirme,
qui raisonne & qui fait des Livres ; c'est-

(*) *Amus. Littér.* ubi sup. p. 194.

là véritablement le comble du ridicule , & la plus palpable des contradictions. Cependant ceux qui l'osent rejetter , paroiſſent à notre Auteur d'une hardieſſe qui l'étonne. *On n'eſt venu que par degrés*, dit-il, *à concevoir une idée ſi hardie. Notre orgueil nous a fait une Ame à part.* Je ne vois ni témérité , ni orgueil , à croire qu'on a une Ame ; il ne faut pour cela , ce me ſemble , que du bon-ſens. Il eſt vrai que les hommes groſſiers ne penſent guères à leur Ame ; & que d'autres plus ſubtils, qu'il n'eſt pas beſoin de caractériſer ici , épuiſent leur eſprit à ſe perſuader qu'ils ſont tout Corps.

M. de V. eſt trop modeſte , pour entreprendre déja de nous inſtruire de la façon dont la Matière doit être organiſée pour penſer. Cependant il paroît eſpérer beaucoup des progrès de la Phyſique à cet égard ; & comme il cultive depuis quelque tems avec ſuccès une Science ſi utile , il ne manquera pas de nous faire part un jour de ſes découvertes là-deſſus. *Qu'eſt-ce donc que ce pouvoir d'appercevoir & de ſentir ?* ſe demande-t-il à lui-même, de la part de l'Orgueil humain. *Je ſatisferai*, dit-il, *à cette queſtion, quand les Humanités* (*) *m'auront appris ce que c'eſt que le*

____

(*) Le mot d'*Humanités* paroît auſſi heureuſement placé dans cet endroit , que ceux de *Genre* & d'*Eſpèce* l'étoient tout à l'heure.

Son, la Lumière, l'Espace, le Corps, le
Tems. En attendant je dirai, dans l'esprit
du sage Locke, la Philosophie consiste à
s'arrêter, quand le flambeau de la Physique
nous manque. Le flambeau de la Physique
nous éclaire sur la nature des Corps, non
sur celle des Esprits. Le nouveau Disciple de Locke se flate, à la vérité, que les
Expériences Physiques seront quelque jour
poussées assez loin, pour nous expliquer
comment de pure Matière peut voir des
couleurs, entendre des Sons, faire des
Poëmes, des Traités de Philosophie &c.
& en attendant, il *croit* implicitement *sur
la parole* de Locke, que la Matière est capable de tout cela. Heureusement, nous
avons un autre flambeau, qui nous découvre que ce que croit M. de V. est
impossible, & que c'est folie d'attendre
de la Physique ce qu'elle ne sauroit nous
donner. M. de V. confond ici les limites
des Sciences, & leurs différens objets. Il
seroit beau voir qu'un Philosophe, inter-
rogé si une certaine action est juste ou
injuste, répondît gravement : *Je ne puis
résoudre votre Problème, car le flambeau de la
Physique me manque.*

Enfin M. de V. après s'être retranché
de son mieux dans cette ignorance profonde où nous sommes tous, selon lui,
touchant la nature du Corps & celle de
l'Ame, ne croyant pas apparemment l'asy-

le affez fûr, a recours pour dernière ref-
fource à la Toute-puiffance de Dieu, &
prétend par-là accabler fes Adverfaires.
Quel eft l'Homme fur la Terre, s'écrie-t-il
*fièrement , qui peut affurer fans une im-
piété abfurde, qu'il eft impoffible à Dieu de
donner à la Matière le fentiment & le penfer ?* Ce qui eft la même chofe que s'il eût
dit : *Quel eft le Géomètre qui peut affurer
fans une impiété abfurde, que Dieu ne fauroit faire un Cercle dont les rayons feroient
inégaux , un Quarré dont la diagonale feroit
commenfurable aux Côtés ?* Celui qui foutient que la Matière ne peut penfer, ne
fe fentira pas mieux convaincu d'impiété abfurde par ce bel Argument, que le
feroit le Géomètre ; fe tenant très-fûr que
ce qui eft contradictoire dans l'idée même des chofes, ne fauroit devenir l'objet
de la Toute - puiffance Divine. Mais qui
font ces grands Philofophes , qui difent
que *Dieu d'une pierre peut faire un Ange ?*
N'a-t-il pas bonne grace de nous citer de
vieux Scholaftiques, qui affurément, lorfqu'ils parloient de la forte , ne favoient
ce qu'ils difoient ? Permis à M. de V.
de s'efcrimer contre-eux à fon aife , &
de leur faire avoüer ce qu'il lui plaira.
Il trouvera bon que nous n'y prenions
aucune part.

Vous qui favez, ajoute-t-il, *que la Matière ne périt pas , contefterez-vous à Dieu,*

le pouvoir de conferver dans cette Matière la plus belle qualité dont il l'avoit ornée? L'inftance eft tout-à-fait judicieufe! Il a affaire à des Philofophes qui lui nient impitoyablement qu'une pareille qualité puiffe être mife dans la Matière; & il les prie que du moins ils ne conteftent point à Dieu le pouvoir de l'y conferver. Mais, dit M. de V., *l'Etenduë fubfifte bien fans Corps par lui, puifqu'il y a des Philofophes qui croyent le Vuide. Les Accidens fubfiftent bien fans la Subftance, parmi les Chrétiens qui croyent la Tranffubftantiation.* Hé, Monfieur! quelle façon de raifonner eft celle-ci: les Accidens fubfiftent bien fans la Subftance; l'Etenduë fubfifte bien fans Corps; donc la Penfée peut convenir à la Matière. Quand la conféquence feroit bonne, où eft la preuve du principe? Voici celle qu'on nous allègue. l'Etenduë fubfifte fans le Corps, car certains Philofophes le croyent: Les Accidens fubfiftent fans la Subftance, car il y a des Chrétiens qui le penfent ainfi (*).

Dieu, dites-vous, ne peut pas faire ce qui implique contradiction. Il faudroit en favoir plus que vous n'en favez, pour foutenir cette thèfe avec connoiffance de caufe. Bon! Monfieur: notre Philofophe, en habile

(*) Grand nombre de Défenfeurs zelés du dogme de la Tranffubftantiation combattent le Syftême des Accidens abfolus.

homme qu'il eft, nous gardoit ce trait-
là pour le dernier. Le trait eft adroit,
mais peu généreux. M. de V. par un
fentiment bien différent de celui qu'*Ho-
mère* prête à l'un de fes Héros (*), voudroit pour fe fauver des coups qu'on lui
porte, que tout fût couvert de la plus
épaiffe nuit. En effet, une incertitude uni-
verfelle met fin à toutes les difputes ; &
ne fachant plus fi ce qui implique contradiction ne peut pas être, dès-lors nous ne
favons plus rien, pas même s'il y a un
Dieu tout-puiffant, puifqu'une puiffance
qui s'étend aux contradictoires, ruine
toute Certitude & anéantit toute Vérité. J'avoue que M. de V. y trouve un
expédient merveilleux pour fauver les contradictions de fa Lettre. Par-là Mr. Locke peut avoir eû raifon contre Defcartes,
& avoir eû tort contre la Sorbonne, à
l'égard de la même thèfe ; c'eft-à-dire,
que le jugement de la Sorbonne peut
être vrai, quoique celui de Locke qui
y eft directement contraire, foit vrai
auffi. Par - là notre Auteur, quoique
felon lui la Raifon & la Foi difent précifément au fujet de l'Ame le ouï & le
non, trouvera l'admirable fecret de concilier l'une avec l'autre, en croyant que

---

(*) Ajax. *Grand Dieu, rends-nous le jour, &*
combats contre nous !

cette Ame est immatérielle & immortelle,
& qu'en même-tems elle ne l'est pas.

Tels sont, Monsieur, les prodiges in-
ouïs que le Pyrrhonisme opère en nos
jours ; & voilà dequoi rassurer pleinement ceux qui prendroient M. de V. pour
un Impie dangereux. Il a, n'en doutons
plus, les meilleurs intentions du monde,
& n'en veut pas davantage à la Foi qu'à
la Raison. Il daigne même par pitié dissi-
per les *terreurs paniques* de ces Esprits foibles qui *prennent leurs superstitions pour la
Religion*, en leur déclarant que quant à
cette *Religion*, qu'il distingue de la *Superstition*, ce ne seront pas les sentimens des
Philosophes qui lui feront jamais de tort.
Il traite même en concluant sa Lettre,
tous les raisonnemens qu'elle renferme,
de songes, de rêveries Philosophiques,
& proteste *qu'il n'en est aucun qu'il ne sacri-
fiât tout d'un coup à la Religion & à la Patrie.* Quelqu'un cependant pourroit bien
lui demander, qu'elle est cette Religion à
laquelle il se sent prêt de faire de si grands
sacrifices, & si par hazard ce seroit celle
qui dans l'Ancien & dans le Nouveau
Testament enseigne, selon lui, mille choses tout à fait *opposées aux expériences &
aux découvertes qui se font journellement ?* Si
ce seroit celle, en un mot, dont les Mystères, *contradictoires aux Démonstrations
connues*, n'en sont pas moins *révérés chez*

les Philosophes Catholiques ? Je m'imagine
qu'il répondra qu'oüi, fondé sur son principe de la possibilité des choses qui impli-
quent contradiction : car au moyen de ce
principe, un même Homme peut croire
humblement en qualité de Chrétien, ce
qu'il rejette hautement en qualité de Philosophe. Tout ce que j'appréhende, c'est
que les frayeurs de nos Superstitieux ne se
calment pas pour cela ; & que s'étant mis
une fois en tête que personne n'admet sé-
rieusement un pareil principe, ils ne s'ob-
stinent à croire que M. de V. se moque
de la Religion elle-même, & la regarde
comme une vraie Superstition, qui fut
& qui sera toujours le partage de la Multitude ignorante en tout pays.

En ce cas pourtant, M. de V. a la
bonté de nous rassurer encore. *Jamais,*
dit-il, *les Philosophes ne feront tort à la Re-*
ligion dominante d'un pays. Pourquoi ? C'est
qu'ils sont sans enthousiasme, & qu'ils n'é-
crivent point pour le Peuple. Je ne sai si c'est
pour les seuls Savans que M. de V. écrit,
quoiqu'il le fasse en François, & d'un
stile assez populaire ; mais pour l'enthousiasme, il ne niera pas qu'il n'en ait quelque petit grain, & qu'ici, par exemple,
il n'ait laissé paroître un zèle assez ardent
contre les Défenseurs de l'Immortalité de
l'Ame. Il ajoute une autre remarque :
c'est que *le nombre de ceux qui pensent, est*
extrêmement

extrêmement petit. Cela eſt ſi vrai, que même parmi les Ecrivains qui ſe font un nom dans le Monde, il en eſt peu qui ſachent penſer, ſi par-là l'on entend des gens qui aiment la Vérité, qui réfléchiſſent ſur ce qu'ils écrivent, & qui s'y propoſent un but raiſonnable.

Mrs. les Pyrrhoniens ſont bien éloignés d'être de ce caractère : ce ſont *des Aveugles pleins de témérité & de babil,* qui ne ſongent qu'à étourdir le Monde de leurs Paradoxes, & à le troubler par la licence de leurs Ecrits. Ce ſont gens qui ne ſauroient ſe taire, quoiqu'ils n'aïent rien de bon à dire. Le parti du ſilence eſt le ſeul qui leur convient, puiſque faiſant profeſſion de ne rien ſavoir, ils ne peuvent ſe flater d'apprendre aux autres quoique ce ſoit (*). Cependant, perſonne ne parle plus haut qu'eux, ni ne tranche plus ſouverainement ſur toute ſorte de ſujets ; perſonne ne traite plus volontiers d'Aveugle, d'Orgueilleux, & de Téméraire, quiconque n'eſt pas de leur avis. Convenons auſſi,

_____

(*) Diront-ils qu'au défaut du vrai ils nous donnent du vraiſemblable, qu'ils offrent du moins des conjectures & des probabilités ? L'offre eſt ridicule, le vraiſemblable devant prendre ſa meſure dans le vrai évident avec lequel on le compare, pour juger à quel point il en approche. S'il n'eſt aucune règle de certitude, il n'en eſt aucune pour la probabilité.

D

que perſonne d'entre ceux dont les Ecrits troublent le Monde, n'eſt moins digne qu'eux d'une réfutation ſérieuſe. On s'attache à réfuter un Auteur qui ſur le ſujet qu'il traite, expoſe une chaîne de penſées & de raiſonnemens ſuivis & liés les uns aux autres, un Auteur qui, ſtable dans ſes principes, & non moins fixe dans le ſens qu'il donne à ſes paroles, n'a garde de ſe réfuter lui-même par de perpétuelles variations. Mais pour ces Ecrivains dont l'imagination tourbillonnante entraine ſous leur plume mille idées diſparates qui s'y mêlent au hazard ; lorſqu'ils s'aviſent d'attaquer quelque importante Vérité, on ne les réfute proprement pas, on ſe contente ſeulement d'abattre la pouſſière qu'ils élèvent contre la Vérité attaquée, & d'en prendre occaſion de l'éclaircir de plus en plus.

Au reſte, je puis proteſter à M. de V. que ce n'eſt ni la malignité, ni la haine, ni l'envie, qui m'a mis contre lui la plume à la main. Perſonne ne rend plus de juſtice que moi à ſes vrais talens. C'eſt avec plaiſir que je vois briller dans ſa *Henriade*, dans ſon *Diſcours ſur le Poëme épique*, dans ſon *Hiſtoire de Charles XII.*, & dans d'autres productions dont il enrichit le Public, l'un des plus beaux Génies de notre Siècle. J'avoue même qu'on ne devineroit jamais en liſant tout ce que j'ai nom-

mé , que fur de certaines matières il fût
capable de raifonner comme il fait. D'ailleurs le defir de rabaiffer les Réputations
illuftres n'eft point mon ambition ; &
loin d'en vouloir à celle de M. de V. ,
j'aurois au contraire fouhaité de tout mon
cœur, que véritablement jaloux de la fienne , & plus encore de fon Salut, il fe fût
abftenu de philofopher fi hors de propos.
Car ceci n'eft point un jeu, la chofe eft
plus férieufe qu'il ne penfe, & tel fait aujourd'hui le Pyrrhonien fur la nature de
l'Ame, qui court rifque d'en favoir dans
peu fur cette matière beaucoup plus qu'il
ne voudroit. Que M. *de Voltaire* y réflé-
chiffe tout de bon. Déja, la Caufe qu'il
défend ne fauroit lui faire aucun honneur
dans le Monde. Mais dût un Auteur fe
promettre une Renommée immortelle, en
travaillant à perfuader aux Hommes que
leur Ame ne l'eft pas ; de quoi cela lui
fervira-t-il, s'il rifque par-là fa propre
Ame, en s'expofant à une perte, dont
Jefus-Chrift nous affure que la conquête
de l'Univers entier ne fauroit nous dédom-
mager ? Je vous laiffe, Monfieur, avec
cette réfléxion, & fuis &c.

※※※※※※※※※※※※※※※※※※※
※※※※※※※※※※※※※※※※※※

III. LETTRE.

Sur le meme Sujet.

Que malaifément l'on renonce à de
certains préjugés, quand l'imagination les favorife, & que fur-tout
le cœur les chérit ! La Matérialité de
l'Ame en eft un, dont M. de V. aura bien
de la peine à guérir, quoiqu'il devienne
Philofophe à vûe d'œil, & que depuis
quelques années il femble avoir abandon-
né le doux commerce des Mufes, pour
fe livrer aux Sciences les plus abftraites.
Cependant ne defefpérons de rien. Si les
meilleures raifons n'ont encore pû le con-
vertir fur cet article, du moins des autorités qu'il refpecte commencent à l'é-
branler. Je lifois l'autre jour dans une Brochure intitulée, *La Métaphyfique de New-*
ton par Mr. de Voltaire, ces paroles qui
m'ont parû de bon augure : (*) *Newton*
étoit perfuadé, comme prefque tous les autres
Philofophes, que l'Ame eft une Subftance
fimple, immatérielle, impériffable. Tant
mieux ! dis-je auffitôt en moi-même ;

_____

(*) Chap. VI. page 36.

notre Poëte va bien changer de Langage.
Ce ne sera plus *l'orgueil humain* qui nous
aura fait *une Ame à part* ; on ne sera plus
redevable à la *Politique Egyptienne*, du dogme de la Spiritualité & de l'Immortalité
de l'Ame. Les Philosophes qui soutiennent
ce dogme, cesseront d'être des *Aveugles
pleins de témérité & de babil.* La raison en
est claire ; c'est que le grand *Newton* étoit
de leur sentiment. En effet, Monsieur, je
remarque que M. de V. commence à traiter les partisans de la Spiritualité de l'Ame
avec un peu moins de mépris qu'il ne faisoit ci-devant. Il n'est rien tel, croyez-
moi, pour mettre une opinion à l'abri
de l'insulte, que d'avoir des Patrons
respectables à lui fournir. Vous voyez que
si M^{rs.} les Esprits-forts rejettent la Foi
divine, on ne peut au moins leur faire le
reproche de ne pas porter la Foi humaine
assez loin.

Mais voici qui gâte tout. *Plusieurs per-
sonnes*, ajoûte M. de V., *qui ont beaucoup vécu avec Locke, m'ont assuré que
Newton ainsi que Locke, avouoit que nous
n'avons pas assez de connoissance de la Nature, pour oser prononcer qu'il soit impossible à
Dieu d'ajoûter le don de la Pensée à un Etre
étendu quelconque.* Je ne vous garantis point
le fait touchant Newton ; c'est à M. de
V. à vous en répondre. J'observerai seulement, que n'oser prononcer qu'il soit

impoſſible que le don de la Penſée ſoit
accordé à un Etre étendu quelconque,
eſt quelque choſe de bien différent de
croire que la Matière ſoit ſuſceptible de
la faculté de penſer, qui eſt ce que Locke ſoutient; ce que du moins il prétend
qu'on ne ſauroit nier ſans témérité. Le
D.ʳ *Clarke*, Diſciple de Newton en Phyſique, & *du moins ſon égal en Métaphy-*
ſique, pour me ſervir des termes de M.
de V., a crû, & qui plus eſt a démon-
tré l'Immatérialité de l'Etre qui penſe;
cependant il croyoit l'Ame étendue. Cela vous ſurprend, Monſieur, je le vois
bien; de vieilles impreſſions de Cartéſia-
niſme vous rendent cet aſſortiment d'idées
fort paradoxe. Mais pour peu que vous
euſſiez lû nos Philoſophes Anciens, vous
y ſeriez tout accoutumé. Ces M.ˢ diſtinguent l'Etenduë d'avec le Corps. Selon eux, quoique la Matière ſoit étendue, toute Etenduë n'eſt pas Matière.
Clarke admet avec *Moore*, avec *Locke*,
avec le Chevalier *Newton*, c'eſt-à-dire
avec toute l'Angleterre, une Etenduë ou
un Eſpace infini, qui ſert de Lieu aux
Eſprits comme aux Corps, & qui eſt cet
Attribut de Dieu, que nous appellons
ſon *Immenſité*. Ainſi tous les Etres ſubſiſtent en Dieu, n'y en aïant aucun qui
ne doive exiſter quelque part, occuper
un certain lieu, remplir quelque por-

tion de l'Efpace. D'où il fuit, qu'il n'y
a point d'Etre ou de Subftance qui ne
foit étendue. Les Etres qui penfent, le
font donc tout comme les autres ; mais
la différence eft qu'ils n'ont point de parties difcerptibles, féparables, mobiles,
comme en a la Matière ; & qu'ainfi,
quoiqu'étendus, ils n'en font pas moins
fimples, moins indivifibles, moins inca-
pables de cette altération qu'une diffolu-
tion de parties caufe dans les Touts matériels. Vous comprenez affez comment,
par de tels principes, le Dᵣ. Clarke a pû
prouver que l'Etre qui penfe, qui fent,
qui veut (*), qui a une confcience intime de lui-même, doit être indivifible
& fimple, nullement compofé de parties
féparables les unes des autres ; & qu'il doit
être immatériel par conféquent, quoiqu'il ne laiffe pas pour cela de le croire
étendu. Vous voyez auffi, que confor-
mément aux mêmes principes il a pû &
dû foutenir que la Penfée & l'Etenduë
fe trouvent réunies dans la même Subftance, quoiqu'il prouve en même-tems
contre Locke, que la Matière ne fau-

(*) La Volonté, tout comme le Sentiment
& l'Intelligence, appartient à la Subftance pen-
fante, entant qu'elle penfe ; tout acte de volonté étant un acte de la chofe qui penfe, &
fuppofant toujours quelque idée de ce que l'on
veut.

D iv

roit penſer, & que notre Ame eſt immatérielle.

Il eſt vrai, Monſieur, qu'il reſte encore dans le Monde certains Eſprits ſi
bouchés, qu'ils n'ont pû comprendre juſqu'ici, comment un Sujet étendu peut
être ſimple & indiviſible, ni comment
il peut ſe faire que ſes parties, diſtinctes
entre-elles, ne ſoient pas autant de Sujets diſtincts, dont il ſoit lui-même l'aſſemblage & le compoſé. Manque de pé-
nétration ſans doute, les Philoſophes
dont je parle, ne voyent point non plus
aſſez clairement, que tout Etre doive
de néceſſité occuper un lieu, ou remplir
une portion de l'Eſpace. Ce n'eſt pas encore tout : cet Eſpace immenſe, immo-
bile, pénétrable, indiviſible, ſimple,
éternel, réceptacle commun des Corps
& des Eſprits, leur ſemble un pûr phantôme de l'Imagination. Ils vont, admi-
rez leur hardieſſe, je vous prie ! ils vont
juſqu'à vouloir expliquer comment l'idée
des Corps a pû donner lieu d'imaginer
fauſſement celle d'un pareil Eſpace ; &
il faut avouer que l'hiſtoire *modeſte* qu'ils
en font ne manque pas de vraiſemblance.

Ils ſe perſuadent d'autant moins, que
l'Etre qui penſe doive néceſſairement occuper un lieu, qu'ils ont remarqué que
les diverſes propriétés de cet Etre n'ont
rien qui ſe rapporte au Lieu, à l'Eſpace,

ni à l'Etenduë ; & que dans toutes les choses spirituelles que nous connoissons, les questions de Lieu, de Quantité, d'Etenduë, d'Espace, seroient visiblement ridicules. Ils avouent bien, que le Corps auquel notre Ame est unie, se trouvant toujours dans une certaine place, & nous représentant les objets corporels qui l'environnent, il en arrive que par une illusion trop naturelle de notre imagination qui nous pousse à croire que nous sommes tout Corps, nous rapportons à ce Lieu-là les diverses pensées de notre Ame, & ses opérations les plus spirituelles. Mais qu'on mette à part, disent-ils, cette idée de notre Corps avec celle de la situation qu'il occupe, & qu'ensuite on essaye d'appliquer aux facultés de l'Ame, à ses actes, à ses dispositions & à tout ce qui en résulte, par exemple, aux Vices, aux Vertus, aux Jugemens, aux Doutes, aux Réflexions, à la Joie, à la Tristesse, à l'Amour, à la Haine &c. d'y appliquer, dis-je, les questions de l'Etenduë & du Lieu, on verra qu'elles n'y ont pas le moindre rapport. D'où nos Philosophes concluent, que les propriétés se conformant toujours à la nature de leur Sujet, si toutes ces propriétés & ces notions spirituelles n'ont aucun rapport au Lieu, ni ne supposent dans leur idée celle de Grandeur,

D v

d'Espace ou d'Etenduë, il en résulte que
l'Esprit, qui est le Sujet où ces propriétés résident, n'a lui-même aucune étenduë. Au contraire, on ne peut nier que
toutes les propriétés de la Matière qui
nous sont connues, n'aïent essentiellement rapport à l'Etenduë. Car enfin,
malgré ce qu'on nous rebat sans cesse des
propriétés possibles des Corps, tous les
effets de la Nature corporelle que l'on a
découverts jusqu'ici, & que probablement
on en découvrira jamais, se réduisent aux
mouvemens & aux figures. Or dans toute figure, & dans tout mouvement, entre cette idée de l'Etenduë & du Lieu,
qui n'entre dans aucun des effets de la
Nature spirituelle. Il est faux, ajoûtent
ces Philosophes, que l'Action d'un Esprit
sur les Corps prouve sa présence locale,
ni qu'elle suppose de sa part un contact,
c'est-à-dire, une étenduë qui les touche
ou qui les pénètre. Si cette action emporte une idée de Lieu, ce n'est point
par rapport à l'Agent même, n'y aïant
rien de commun entre l'idée de Pouvoir
ou d'Activité, & celle d'Etenduë : c'est
uniquement par rapport au Sujet sur lequel il agit, ou à la Matière qu'il remue.
Au reste, ces Messieurs sont dans une
perpétuelle défiance des impressions de
l'imagination ; prétendant que les choses
spirituelles ne sont nullement de son res-

fort, & qu'il ne faut jamais l'écouter là-
deſſus. Si vous leur objectez, que de néceſſité l'Eſprit occupe un eſpace, puiſque ce qui n'eſt nulle part n'exiſte point;
ils repondent ſans s'émouvoir, que ce
faux Axiome eſt dû à l'illuſion des Sens,
qui dès l'enfance exerçant un tyrannique
empire ſur l'Ame, & l'appliquant toute
entière à contempler les Corps, nous perſuadent aiſément que tout ce qui n'eſt pas
Corps, ou qui n'exiſte pas à la manière des
Corps, n'a aucune réalité. Ils admettent
donc les Argumens dont Clarke ſe ſert en
faveur de la Simplicité indiviſible de
l'Ame, pour en inférer avec lui l'Immatérialité de cette Subſtance : mais ils
en concluent auſſitôt contre lui-même,
que l'Ame étant indiviſible, elle n'eſt
point étendue : ils croyent même en cela
raiſonner d'une manière plus conſéquente
que cet illuſtre Métaphyſicien. On aura
beau faire, on ne les tirera jamais de là;
& franchement, Monſieur, je ſuis tenté
de croire qu'ils ont raiſon.

Revenons à l'Hiſtorien de la Métaphyſique Angloiſe. *La grande difficulté,*
dit-il, *eſt plutôt de ſavoir comment un Etre*
tel qu'il ſoit peut penſer, que de ſavoir
comment la Matière peut devenir penſante.
Voici un de ces éblouïſſemens, trop ordinaires à ceux qui ſe hâtent de prononcer ſur des queſtions qu'ils ne ſe ſont pas

D vj

donné le tems d'approfondir. Ils mettent
la difficulté où elle n'eſt pas, faute de
la voir où elle eſt. C'eſt juſtement ce qui
arrive à notre Philoſophe en cette occaſion, & l'on démêle ſans peine la ſource
de ſa mépriſe. Elle vient de ce qu'il regarde la Penſée comme une action de la
Subſtance penſante, croyant que la Penſée eſt à l'Ame, à peu près ce que le Mouvement eſt au Corps. Mais c'eſt une erreur. L'Ame ne devient point penſante,
de non-penſante qu'elle fût auparavant ;
comme un Corps, de l'état du repos,
paſſe à celui du mouvement. La Penſée
eſt un Attribut de l'Ame, dont on ne
peut pas plus demander raiſon, que l'on
en peut demander de ſa Nature ; n'étant
pas plus difficile de comprendre comment un Etre tel qu'il ſoit peut penſer,
que de comprendre comment un Etre tel
qu'il ſoit peut être étendu. S'enquérir
pourquoi l'Ame ſe détermine à certains
choix plutôt qu'à d'autres, comment un
corps eſt mû, comment un tel phénomène ſe produit, ce ſont des queſtions
très-raiſonnables, parce qu'il s'agit là
d'effets dont on cherche les cauſes, en
s'informant de la manière dont elles opè-
rent. Mais pour ce qui regarde les Attributs de chaque Subſtance, on n'eſt pas
plus reçû à demander la cauſe de ces Attributs, qu'à demander celle de leur Na-

ture, ou pourquoi elle est telle qu'elle est en effet ; la cause de la Pensée n'étant autre que celle de l'Etre qui pense, c'est-à-dire, n'étant autre que Dieu lui-même, qui a voulu que la Nature pensante existât dans un tel Individu.

L'essence des Etres est fixe & immuable, & leurs Propriétés découlent de leur Essence. L'Ame pense, parce que c'est-là sa Nature ; elle veut, parce qu'elle est par sa Nature un Agent capable de détermination & de choix. La Matière de son côté est étendue, solide, susceptible de mouvement ; mais elle ne l'est pas d'intelligence, ni de liberté. Dieu peut donc imprimer à la Matière ce mouvement dont elle est susceptible, & le varier à l'infini, pour produire dans les différens Corps la gravitation, la végétation, la vie. Mais il y auroit une contradiction évidente à supposer que Dieu donnât à cette Matière des Attributs qui ne sont point renfermés dans son Essence, & qu'il lui fît produire des opérations qui répugnent à sa Nature.

(*) *Quel est donc le plus respectueux pour la Divinité, ou d'affirmer que des Etres créés pensent indépendamment de lui, ou de soupçonner qu'il peut accorder la Pensée à tel Etre qu'il daigne choisir ? Je lui réponds:*

(*) *Voltaire,* ubi. supr. pag. 37.

Ou vous entendez par la *Penſée*, un Attribut de l'Etre penſant, comme la Solidité eſt un Attribut du Corps : ou bien
vous entendez une action de cet Etre,
un effet qu'il produit au dedans de ſoi,
une modification qu'il reçoit. Si par Penſée vous entendez un Attribut, alors les
Etres créés ne penſent pas plus indépendamment de Dieu, qu'ils ſubſiſtent indépendamment de lui. Dieu peut ôter la
Penſée à l'Ame, en lui ôtant l'Etre, comme il la lui a accordée en le lui donnant.
Si par la Penſée au contraire vous entendez une action, un effet, ou une modali-
té de l'Etre penſant, Dieu peut bien empêcher que l'Etre dont il s'agit, ne penſe
actuellement ; mais l'aïant fait ce qu'il
eſt, il ne ſauroit empêcher qu'il ne ſoit
ſuſceptible de Penſée, qu'il n'ait naturellement cette faculté de penſer qui dé-
coule de ſon Eſſence : Tout comme aïant
fait la Matière ce qu'elle eſt, il peut
bien l'empêcher de ſe mouvoir actuellement, ou de prendre une certaine forme ; mais il ne peut faire qu'elle n'ait
pas la faculté d'être mue & de recevoir
toutes les diverſes formes poſſibles.

Les Natures des choſes ſont immuables, comme le ſont les idées qui les re-
préſentent ; & par conſéquent elles ne
ſauroient ſe confondre. C'eſt-là le fondement de ce qu'on nomme *éternelles Vé-*

rités. Ces idées invariables qui diftinguent les différens genres d'Etres poffibles, exiftent néceffairement en Dieu,
font effentielles à fon Intelligence, &
pour cela même font indépendantes de fa
Volonté. Ainfi, prétendre que les Natures qui répondent à ces idées, puiffent
fe changer, fe mêler, fe confondre, au
gré de la Toute-puiffance Divine ; c'eft
tout comme fi l'on prétendoit foumet-
tre à cette Toute-puiffance les idées de
l'Entendement Divin, les Attributs de
Dieu, & fon Effence elle-même.

L'exiftence de chaque Etre dépend de
la libre volonté du·Créateur, qui parmi
les Natures poffibles a choifi celles qu'il
lui a plû, pour les faire exifter actuellement. Les modifications des Subftances,
leurs opérations, leurs affemblages, leurs
arrangemens, leurs fyftèmes, peuvent
auffi varier à l'infini, fuivant le bon-plai-
fir de Dieu, & les différentes vûes de
fa fageffe. Mais quand on en vient à chaque Subftance primitive qui entre dans
le compofé de ces fyftèmes, il y faut
reconnoître une Nature fixe, qui fervant
de fondement à fes propriétés, à fes
facultés, à fes modifications, exclud de
néceffité les modifications, les facultés,
les propriétés d'une autre Nature. Dieu
peut fans doute perfectionner un Etre,
c'eft-à-dire, lui donner des modifica-

tions qu'il n'avoit pas , lui faire opérer
ce qu'il n'opéroit pas , lui procurer , à
l'égard d'autres Etres , certaines relations
qui lui manquoient ; mais c'est , bien
entendu qu'il ne cesse point d'avoir la
même Nature qu'il avoit auparavant , &
qu'il ne reçoit rien dont cette Nature ne
fût déja susceptible.

Quand on me demande après cela , s'il
n'est pas possible à Dieu d'ajoûter le don
de la Pensée à la Matière , & si celui qui
peut tout , ne sauroit faire penser un Etre
matériel ; en vérité , on ne s'entend
pas soi - même , & quelque sens qu'on
veuille donner à cette question , il sera
manifestement faux ou inutile pour le but
qu'on se propose. Entend-on que la Matière ait en soi le pouvoir , la faculté de
penser ? que l'Intelligence , que la Pensée soit une de ses modifications ou opérations possibles, laquelle il ne reste plus
après cela qu'à mettre en acte ? Sans doute que dans cette supposition, il n'est pas
moins possible à Dieu de faire penser un
Etre matériel , que d'imprimer à certaine portion de Matière telle forme , ou
tel mouvement ; & il n'y aura rien de
plus surprenant dans ce dernier acte de
Toute-puissance , que dans l'autre. Mais
la supposition elle-même , savoir, que
la Matière soit douée du pouvoir naturel
de penser. , est plus hardie : aussi n'est-

ce point celle de Locke. Entend-il donc
que la Matière étant de sa nature pri-
vée d'Intelligence, qu'étant dénuée de la
faculté de penser, & ne comptant point
la Pensée au rang des propriétés & des
modifications qui lui conviennent, Dieu
pourtant, par un acte de son pouvoir
souverain, lui peut imprimer cette modification, & la rendre surnaturellement
intelligente, ou capable d'intelligence, de
non-capable qu'elle en étoit naturellement ? C'est-là renverser la Nature même
des choses, pour admettre des contradictions. C'est dire qu'une chose en devient
une autre, sans cesser d'être ce qu'elle
étoit. C'est faire des Substances autant
de vains noms sans signification déter-
minée, autant de capacités vagues, également propres à recevoir toutes les propriétés qu'il nous plaira d'imaginer. C'est
enseigner que, par le pouvoir de Dieu,
la Matière peut n'être plus Matière ; &
que par un don spécial du Créateur, la
Substance essentiellement divisible, &
composée d'autres Substances à l'infini,
peut devenir simple & indivisible, ou une
vraie Unité.

Qu'il y a de différence, Monsieur,
entre le don de penser fait à la Matière
par la Toute-puissance de Dieu, & un
Etre pensant uni à la Matière par cette
même Toute-puissance ! Le dernier est

très-intelligible , l'autre ne l'est en aucune sorte. Le dernier est un Fait dont notre expérience nous assure actuellement ,
l'autre est une supposition absurde &
impossible. Pourquoi faut-il que des Philosophes si sages, si éclairés d'ailleurs , se
plaisent ainsi quelquefois à confondre toutes les idées , en ramenant la vieille chimère des Scholastiques , cette *Puissance
obédientielle* qu'ils attribuoient aux Créatures , en vertu de laquelle , disoient-ils ,
d'une Pierre Dieu peut faire un Ange ;
& qui leur faisoit trouver *omnia in omni-
bus !* La lumière de la Raison débrouil-
le ce noir cahos. Elle nous apprend que
ce qui pense n'est point Matière , ni ne
sauroit l'être ; & dans l'Immatérialité de
nos Ames , elle nous donne un bon garant
de leur Immortalité.

Ce n'est pourtant pas à dire que l'a-
néantissement des Substances soit une
chose impossible , ni qu'on puisse donner
pour un Axiome, que tout Être immatériel, de quelque espèce qu'il soit , ne ces-
sera jamais d'exister. La Raison elle-même
desavoue ces assertions trop hardies. Elle
nous apprend , que tout ce qui a com-
mencé peut finir , & que le Créateur de
l'Univers est toujours maître de réduire
au néant ce que son pouvoir en a tiré.
Il peut avoir de bonnes raisons pour mettre des bornes à la durée de certaines

Créatures dont l'usage n'est que passager, après qu'elles auront rempli les fins de leur création. Elles n'étoient faites que pour vivre un tems; elles étoient subordonnées à d'autres, par des rapports de convenance & d'utilité qui doivent cesser un jour : devra-t-on s'étonner que ce tems expiré, elles cessent aussi de vivre ? Une telle dispensation ne déroge en rien à la sagesse, à l'immutabilité de Dieu ; & cela même peut servir de nouveau témoignage à son pouvoir & à son indépendance. Prenez donc garde, que c'est d'un Esprit tel que l'Ame humaine, dont je soutiens que l'Immatérialité nous garantit l'éternelle durée. Comment cela ? me direz-vous. C'est, Monsieur, parce que cette Immatérialité de notre Ame une fois connue, la distingue totalement de notre Corps ; & par-là, dissipant entièrement la crainte où nous étions qu'elle ne meure avec lui, nous laisse appercevoir dans toute leur force les puissantes raisons que la Nature même de cette Ame nous donne de son Immortalité. Si vous la regardez comme de pure Matière, vous la croirez un Composé résoluble dans ses prémiers élémens, sujet à toutes les révolutions des Corps. Sa vie, qui sera le résultat d'une certaine forme, devra périr tôt ou tard avec cette forme. Vous serez

même tenté , comme je l'observois tan-
tôt , de la confondre avec le Corps organifé , en prenant fes facultés les plus
nobles pour un pur effet de cette orga-
nifation : d'où vous conclûrez bientôt que l'Ame meurt avec le Corps , &
que celui-ci venant à fe diffoudre , ces
excellentes facultés que nous appellons
notre Ame , doivent néceffairement dif-
paroître. Toutes les raifons d'Immortalité , prifes du caractère de ces facultés , ne tiendront plus contre un argument fi naturel , & ne balanceront
point les impreffions de l'Expérience.
Car enfin , nous voyons mourir les
Corps vivans , & nous favons que tous
les Compofés font naturellement diffo-
lubles.

Mais quand de bonnes Démonftrations
nous auront fait concevoir l'Ame comme une Subftance immatérielle , fimple-
ment unie au Corps pour un certain
tems , capable d'en être féparée , & de
fubfifter dans cet état de féparation ,
comme elle faifoit auparavant ; alors
d'un côté l'excellence propre de cette
Ame , l'ufage & le but de fes facultés ,
fes rapports avec Dieu , cette Société ,
pour ainfi dire , où elle eft fufceptible d'entrer avec lui ; d'autre côté la Bonté , la
Sageffe , la Juftice du fouverain Maître
du Monde, tout cela nous perfuadera , non-

feulement qu'il ne la détruit point avec le Corps, mais qu'il ne l'a point créée pour l'anéantir. Ceci ne conclûra rien pour des Etres immatériels d'une Nature inférieure ; pour des Etres qui n'aïant ni Raifon, ni prévoyance de l'avenir, ni ce defir naturel du fouverain Bien qui renferme celui de l'Immortalité , ni aucune idée d'Ordre & de Religion, ne pourront dès-lors intéreffer la Sageffe ni la Bonté de Dieu à leur confervation éternelle. Rien n'empêche en effet, qu'après avoir joüi d'une certaine mefure de bonheur à leur manière, elles ne puiffent ceffer d'être, dès qu'elles cefferont d'être utiles à l'Univers.

Pour l'Homme, c'eft tout autre chofe. Doué de Raifon, & dès-là fufceptible de Religion, il eft né membre de la Cité de Dieu, il eft fait pour vivre avec lui dans une éternelle Société. Il porte au fond de fa Nature un defir d'Immortalité & une idée de Bonheur, que la Sageffe infinie qui l'y a mis, ne fauroit rendre illufoire ; outre que la Bonté infinie s'y oppofe, puifqu'avec un tel defir, il faut de néceffité que l'Homme foit immortel, ou malheureux. L'Ordre même dont notre Ame devient effentiellement fujette, par l'idée naturelle qu'elle en a, ne permet point un anéantiffement qui feroit ceffer fon empire. En un mot, les relations de l'Ame avec Dieu , font toutes de nature à ne devoir jamais finir. Concluons-le : ces nobles prérogatives qui diſtinguent notre Ame dans l'ordre des Subſtances immatérielles , ont pour prémier fondement ſon Immatérialité ; & cette Immatérialité nous les montrant dans leur plus beau jour , ne ſouffre plus qu'aucun préjugé pris des Loix auxquelles les Compoſés matériels ſe trouvent ſoumis , balance tant de raiſons qu'elle renferme en elle-même de ſon Immortalité. Ainſi d'un côté , par ces raiſons elle a tout à eſpérer; tandis que de l'autre , la mort du Corps ne lui laiſſe plus rien à craindre.

Allons plus avant , Monſieur ; achevons de nous former une juſte idée de la grandeur de nos Ames. Comme les Eſprits ſont faits pour Dieu , qui ſe les attachant par les liens de la Raiſon & de la Religion , les fait entrer ainſi avec lui dans une Société éternelle , nous ne devons pas douter que le Monde des Corps ne ſoit fait pour eux ; & que comme ce Monde viſible doit contribuer à leur félicité en mille manières , & par le magnifique ſpectacle qu'il leur offrira ſans ceſſe , leur fournir éternellement des ſujets de glorifier le Créateur , ce même Monde ne doive toujours ſubſiſter à cauſe d'eux. Et ce que je dis en général de l'Univers matériel , je l'applique à ces Corps que la Réſurrection doit un jour rejoindre à nos Ames. Que l'Ame eſt donc une choſe excellente en elle-même ! qu'elle doit être précieuſe aux yeux de Dieu ! puiſque loin de périr quand le Corps meurt , Dieu veut rendre un jour ce Corps immortel pour l'amour d'elle. Je ſuis &c.

DÉFENSE

DÉFENSE

DES PENSÉES

DE PASCAL

CONTRE LA CRITIQUE

DE

Mr. DE VOLTAIRE.

Carpitque & Carpitur. Ovid.

E

AVIS
AU LECTEUR.

IL n'eſt point de Lecteur Chrétien auquel l'injuſte Critique de Mr. DE VOL-
TAIRE contre PASCAL dans ſes Lettres
Philoſophiques , n'ait fait ſouhaiter que
l'on vengeât la Mémoire de ce grand Homme ; c'eſt l'objet de cet Ecrit. C'eſt au
Lecteur inſtruit & judicieux à juger des
coups.

DÉFENSE
DES PENSÉES
DE PASCAL
CONTRE LA CRITIQUE
De Mr. *DE VOLTAIRE* (*).

MONSIEUR,

I L faut que je vous confesse ingénument mon erreur. J'eus grand tort de croire, après avoir lû les Remarques de M. *de Voltaire* sur les *Pensées de Pascal*, que ce n'étoit pas la peine d'y répondre, & qu'on leur feroit trop d'honneur en les réfutant. Il suffit, disois-je, de prononcer les noms du Critique & de l'Auteur critiqué ; la disproportion entre-eux est

(*) Imprimée à la fin de ses *Lettres Philosophiques*, à Rouen chez Jore, MDCCXXXIV.

I. 9

trop manifeſte: on doit donc ſe contenter de rire de cette audace, aſſez ſemblable, pour la définir en langage poëtique, à celle d'un (*) *Papillon* qui s'atta-
queroit à l'*Oiſeau de Jupiter*. Quand je par-
lois de la ſorte, je ne diſtinguois pas aſſez les Siècles; & j'avouë que le peu
d'impreſſion que cette Critique nous fit,
à trois ou quatre que nous étions qui
nous mîmes à la lire enſemble, ne con-
cluoit rien pour un très-grand nombre de
Lecteurs. Je ſai bien, qu'il y a cinquante ans, une pareille Critique n'auroit
oſé ſe montrer, ou que le mépris du Public l'auroit étouffée dans ſa naiſſance;
au lieu qu'aujourd'hui, vous m'apprenez
qu'elle eſt l'admiration de nos Beaux-Eſ-
prits. Ce n'eſt pourtant pas que l'Irréligion, quoiqu'elle ne faſſe malheureuſe-
ment que trop de progrès, ait gagné
dans ces derniers tems autant de terrein
que ſes partiſans le publient: mais c'eſt
qu'en général, le bon Eſprit y eſt devenu fort rare. Il ſemble que la Nature ne
communique ſes dons au Genre-humain
qu'en une certaine meſure toujours a peu

____

(*) *Platon* définit les Poëtes, κοῦφον τι χρῆμα
καὶ πτηνὸν καὶ ἱερόν. Et *La Fontaine* dit d'après
lui:

Je ſuis choſe légère, & vole à tout ſujet:
Je vais de fleur en fleur, & d'objet en objet.

près égale , & qu'en vertu de cette règle, les talens de l'Esprit doivent s'affoiblir à proportion qu'ils deviennent
plus communs. Beaucoup plus de gens
aujourd'hui cultivent les Sciences & se
mêlent de raisonner, qu'il n'y en avoit
au Siècle passé : aussi y en a-t-il beaucoup
moins qui sachent raisonner juste sur des
matières un peu profondes. L'Esprit est
moins rare qu'il ne le fut jamais, l'on
en rencontre par tout ; mais c'est d'un
certain Esprit volatil, qui se répandant
au loin comme par contagion, est venu
prendre la place du véritable Génie. Cet
Esprit-là se mêle de bien des choses. Il
met de la Métaphysique dans les Romans, & de la Galanterie la plus enjouée
dans les Traités d'*Optique*. Pour mieux
réunir tous les talens ensemble, il confond les divers Genres d'Ouvrage ; &
assurément ces divers Genres y perdent
beaucoup. Tel sera Poëte, Historien,
Physicien, Géomètre & Théologien tout
à la fois ; du moins prétendra l'être. Et,
par exemple, au grand étonnement du
Public, M. *de Voltaire*, après avoir composé de très-beaux Poëmes, vient de nous
donner les *Elèmens de la Philosophie de
Newton*.

Cette universalité de Génie est merveilleuse, sans doute : c'est la gloire, j'ai
pensé dire la folie de notre Siècle. Mais

E iij

il en réfulte un grand mal : c'eſt que ſi les choſes d'agrément & d'imagination en ont pris un air de méthode & de juſteſſe qui leur manquoit, les choſes de raiſonnement en ſont bien plus ſuperficiellement traitées ; & que parmi les Ecrivains & les Lecteurs, car cette dernière ſepece ſe règle ſur l'autre, rien n'eſt plus rare que de voir un Eſprit ſolide. Il arrive dé - là, que tel Livre impie dont on n'auroit pas craint l'effet du tems de nos Pères, & qui n'eût tout au plus qu'achevé de pervertir ceux qui s'étoient déja livrés à la ſéduction, ſera capable aujourd'hui d'ébranler, & même de gâter entiérement des Lecteurs qui paſſent pour éclairés. C'eſt ainſi que le Bel-Eſprit, traveſti en Eſprit Philoſophique, a trouvé le ſecret, ſous cette forme empruntée, d'éblouïr mille gens, qui pour avoir beaucoup lû, n'en ont pas mieux appris à diſcerner les Sophiſmes d'avec les bonnes raiſons.

Il faut bien que M. de V. ait compté, pour le ſuccès de ſon deſſein, ſur cette diſpoſition régnante, lorſqu'il a oſé inſulter la Religion en la perſonne de Paſcal. *Il a cru*, dit-il, *appercevoir quelques erreurs d'inattention dans ce grand Génie ; & c'eſt une conſolation pour un eſprit auſſi borné que le ſien, d'être bien perſuadé que les grands Hommes ſe trompent comme le vulgaire*. Ni vous ni moi, Monsieur, ne sommes la dupe de cet humble langage. On reconnoît là-dessous une toute autre vûe que celle de relever de simples inadvertances. En attaquant les *Pensées de Pascal*, on attaque les fondemens du grand Ouvrage qu'il méditoit, & que l'Eglise Chrétienne ne sauroit assez regretter. C'est donc moins mon zèle pour la mémoire de ce grand Homme, toute respectable qu'elle est, qui me met la plume à la main pour le défendre, que celui que tout Chrétien doit à la Religion. Oui, Monsieur, je retracte mon prémier jugement : l'Ecrit de M. de V. mérite qu'on y réponde. Il faut moins considérer ici les choses en elles-mêmes, que le caractère du Siècle où nous vivons. Ainsi, me rendant à votre desir, je vais examiner les principales Remarques de notre Poëte ; & cet Examen fera voir s'il est vrai, comme il nous l'assure, que supposé que Pascal, dans le Livre qu'il méditoit, eût suivi le dessein qui paroit dans ses Pensées, *il auroit fait un Livre plein de paralogismes & de faussetés*. Décision qu'on n'auroit pas attendue de celui-là-même, qui se bornoit modestement tout à l'heure à relever *quelques erreurs d'inattention* dans ce grand Génie.

On sait assez que les Pensées de Pascal ne contenant que l'ébauche, les maté-

E iv

riaux, ou ſi vous voulez, les ſemences du
Livre qu'il ſe propoſoit de compoſer pour
la défenſe de la Religion , elles y auroient eû une forme , une étenduë , des
liaiſons , & par cela même un éclat ,
qu'elles (*) n'ont point aujourd'hui. Mais
en les liſant, on ſent auſſi qu'elles ſont le
fruit d'une mûre & profonde réflexion.
C'eſt ſe moquer , de dire qu'il les avoit
jettées au hazard ſur le papier , pour les
examiner enſuite. Il paroît que le Critique en veut moins à quelques traits dé-
tachés , qu'au deſſein principal qui les
réunit , & à la grande Vérité dont elles
forment la preuve. C'eſt ce que montre
évidemment le jugement qu'il en porte.

Que diriez-vous d'un homme , qui aïant

(*) M. l'Abbé *Trublet* , dont on ne peut
d'ailleurs eſtimer plus que je fais le diſcerne-
ment , me permettra ſur ce point de n'être pas
de ſon avis , & de croire que l'Ouvrage entier , ſi nous l'avions , ne paroîtroit point in-
férieur aux matériaux que Mr. Paſcal avoit
raſſemblés. En voici la raiſon , ce me ſemble. C'eſt que la même force de génie qui a
pû former un Plan comme celui-là , doit être
capable de le remplir. Tel Peintre excellera
pour l'Invention , qui ne ſera que médiocre
pour le Coloris. De ce qu'on aura imaginé
le Deſſein , l'Ordonnance d'un beau Tableau ,
il ne s'enſuit donc pas qu'on puiſſe faire un
beau Tableau. Mais ici l'Invention & l'Exécution dépendent du même talent.

vû dans les Epitres de *S. Paul* l'affreux
tableau qu'il y fait de la Corruption humaine , s'exprimeroit de la manière fui-
vante ? " Il me paroît en général , que
" l'efprit dans lequel S. Paul écrit , étoit
" de montrer l'Homme dans un jour
" odieux. Il s'acharne à nous peindre tous
" méchans & malheureux. Il impute à
" l'effence de notre Nature , ce qui n'ap-
" partient qu'à certains hommes : il dit
" éloquemment des injures au Genre-hu-
" main. J'ofe prendre le parti de l'Hu-
" manité contre ce Mifantrope fubli-
" me. J'ofe affûrer que nous ne fommes
" ni fi méchans ni fi malheureux qu'il le
" dit. " Vous vous récrieriez , Monfieur ,
contre l'impiété de ce langage. Voilà
pourtant mot pour mot ce que M. de V.
dit de Pafcal , qui parle de la Nature humaine , confidérée dans l'état de péché ,
tout comme en parle S. Paul , & qui n'a
fait tout au plus que développer les idées
de cet Apôtre.

Quoi qu'il en foit , *tous ces Livres qu'on*
a faits depuis peu pour prouver la Religion
Chrétienne , paroiffent à M. de V. *plus capa-*
bles de fcandalifer que d'édifier. Il vaudroit
mieux apparemment la croire fans preuves ; on ne la croiroit alors qu'autant
qu'on voudroit ; efpèce de foi très-com-
mode. C'eft la conclufion naturelle qui
fe tire d'un tel langage. J'en conclus auf-

fi, que fur ce pied-là, M. de V. a dû regarder fa Lettre comme une Pièce fort
édifiante, & que peut-être ira-t-il jufqu'à
vouloir s'en faire un mérite dans l'efprit
des Gens de bien.

Ces Auteurs, c'eft toujours lui qui parle, *ces Auteurs prétendent-ils en favoir plus
que Jefus-Chrift & fes Apôtres ?* C'eft-à-
dire, que, felon M. de V., quiconque développe, fait valoir, met dans tout leur jour
les preuves de la Doctrine de Jefus-Chrift
& de fes Apôtres, prétend être plus habile qu'eux.. En effet, le projet de prouver la Religion Chrétienne lui paroît ex-
travagant. *C'eft*, dit-il, *vouloir foutenir
un Chêne en l'entourant de Rofeaux. On peut
écarter ces Rofeaux inutiles, fans craindre
de faire tort à l'Arbre.* L'image eft jolie,
il ne lui manque que d'être jufte. La Religion, c'eft le Chêne; fort bien jufques-
là : mais on ajoûte que les Livres, les raifons qui la défendent, font les Rofeaux
inutiles qu'il faut écarter. Je ne doute
nullement du zèle de M. de V. pour un fi
pieux deffein, & lui en fai tout le gré
qu'il mérite. Mais il eft aifé de lui répondre, que ces preuves folides qui per-
fuadent la Religion, & qui l'établiffent
dans les efprits, font les racines du Chêne. La vérité du Chriftianifme, comme
toute autre Vérité, eft bien hors de nous
quelque chofe d'inébranlable ; mais pour

nous perfuader , il faut que cette Vérité nous devienne fenfible par les preuves qu'on nous en donne. C'eſt à quoi tendent ces Livres dont notre Critique eſt *ſcandaliſé*. Diſons donc pour rectifier ſa comparaiſon , qu'ici les Roſeaux inutiles , ce ſont plutôt ces Eſprits légers & frivoles, qui, ſans produire rien de bon, ne font que plier à tout vent, & dont le vain murmure eſt aſſurément très-incapable d'ébranler le Chêne. Pour nous en convaincre tout à l'heure , nous n'avons qu'à ſuivre Article par Article les Remarques de notre Poëte.

A R T I C L E   I.

Paſcal dit, que " la Religion ſeule nous " découvre la vraie grandeur de l'Hom-" me & ſa miſère , en nous apprenant " la raiſon de l'une & de l'autre. " Le Critique obſerve , que *cette manière de raiſonner eſt fauſſe & dangereuſe : car la Fable de Prométhée & de Pandore , les Androgynes de Platon , les dogmes des Siamois , rendroient auſſi bien raiſon de ces contrariétés apparentes.* Je crois , Monſieur, que vous me diſpenſez de relever ce judicieux parallèle, entre les dogmes des Siamois, la Fable de Prométhée, les Androgynes de Platon, & ce que la Ste. Ecriture nous apprend ſur l'origine & ſur la chûte de

E vj

l'Homme. Si dans la Critique de Pafcal
tout étoit de cette force-là , vous me ferez bien la grace de juger que je n'aurois point changé d'avis fur la néceffité
d'y répondre. On ajoûte, que le Chriftianifme *n'enfeigne que la Simplicité, l'Hu-
manité , la Charité.* N'enfeigne-t-il donc
pas ce que dit Pafcal ? Ne nous montre-
t-il pas en nous la fource de ces grandeurs & de ces mifères qui font fi vifi-
bles ? La vraie Religion qui doit rendre
l'Homme heureux , & lui enfeigner la
voie du Bonheur, ne lui doit-elle pas apprendre ce qu'il eft, la fin pour laquelle
il fut créé, fon véritable état, la nature
de fes maux & leurs remèdes ? N'eft-ce
pas en effet ce que le Chriftianifme nous
enfeigne ? Réduit-on la Religion à la Métaphyfique ? En fait-on une fource d'erreur, quand on nous explique ce qu'elle
a de plus effentiel ?

ARTICLE II.

On ne doit point diftinguer la Philofophie morale d'avec la Religion , par
rapport à leur objet. M. de V. obferve
donc mal à propos, que *les Philofophes
n'aïant point enfeigné la Religion , ce n'eft
pas leur Philofophie qu'il s'agit de combattre.*
Affurément les Philofophes ont prétendu
diriger l'Homme à fa fin , régler fes

mœurs, le conduire au Bonheur. Mais
ils s'y font mal pris, ils fe font égarés
dans cette entreprife ; & c'eft cette même entreprife, où le Fils de Dieu, &
fes Apôtres pleins de fon Efprit, ont admirablement réuffi. Il falloit être infpiré
de Dieu, pour avoir un tel fuccès. Jefus-
Chrift l'emporte donc fur Ariftote, puifqu'il enfeigne aux Hommes la Science du
Bonheur, le moyen de l'obtenir, & la
vraie Règle des mœurs. Sa Religion l'emporte fur la Philofophie, parce que cette Religion eft la vraie Sageffe. Vous
voyez combien étoit effentielle au but de
Pafcal la comparaifon qu'il fait entre la
Philofophie Païenne & le Chriftianifme,
& combien la fupériorité manifefte de celui-ci fur celle-là fert à prouver qu'il eft
la vraie Religion. Notre Cenfeur, en
foutenant qu'il ne s'agit pas de combattre la Philofophie Païenne, donne un démenti formel à S. Paul, 1 Cor. I. 19, &
feq. & prétend lui - même *en favoir plus
que Jefus - Chrift & fes Apôtres.*

ARTICLE III.

*Pourquoi vouloir aller plus loin que l'Ecri-
ture ?* C'eft donc aller plus loin qu'elle,
de dire que la corruption originaire de
l'Homme, myftère incompréhenfible en
lui-même, mais clairement révélé, for-

me le dénouement de l'Enigme, & qu'il
est le principe des contradictions étonnantes que l'Homme découvre en soi ?
*N'y a-t-il pas de la témérité à croire qu'elle
a besoin d'appui, & que ces idées philosophiques peuvent lui en donner ?* Mais par quel
éblouïssement notre Critique a-t-il pû
prendre un Dogme révélé, avec ses conséquences immédiates, & le caractère de
Divinité que Pascal y fait appercevoir,
pour des idées philosophiques, étrangères à l'Ecriture ?

M. de V. poursuit, d'un ton victorieux :
*Qu'auroit répondu Mr. Pascal à un hom-
me qui lui auroit dit, Je sai que le mystère du
Péché originel est l'objet de ma Foi, & non
de ma Raison. Je conçois fort bien sans mystère, ce que c'est que l'Homme ?* &c. Cette réponse n'est pourtant pas bien difficile à deviner. Quand on dit que l'Homme *est plus
inconcevable sans le mystère du Péché originel,
que ce mystère n'est inconcevable à l'Homme,*
on ne dit pas que ce soit précisément ce
qu'il y a d'obscur dans la manière dont le
Péché s'est transmis d'Adam à ses descendans, qui nous explique les contradictions apparentes, & ce contraste de
grandeur & de misère qui se voit dans
l'Homme. Non, ce qui éclaircit l'Enigme, c'est le Fait de la Chûte de l'Homme & des suites de cette Chûte. Ce Fait
qui nous est clairement révélé, est en

même-tems l'objet de notre Foi, puisque l'Ecriture nous le révèle, & que c'eſt un myſtère que ſans elle nous n'aurions jamais deviné. De plus, il renferme de profondes obſcurités, puiſque nous en ignorons la manière ; cependant il donne le dénoüment d'une Enigme qui échappoit à toute la ſagacité des Philoſophes. *Je conçois fort bien ſans ce myſtère, ce que c'eſt que l'Homme* &c. Ce qui ſuit juſqu'à la fin de l'Article, eſt un diſcours en l'air, qui ne frappe point au but. En joignant l'expérience au raiſonnement, on apprend mille choſes de l'Homme, on ſent ſa triſte décadence, on entrevoit la perfection dont il eſt déchu & dont il reſte en lui des veſtiges : mais ni le raiſonnement, ni l'expérience ne nous apprennent pourquoi & comment il en eſt déchu. C'eſt la Révélation ſeule qui nous inſtruiſant de ce myſtère, développe l'Homme à lui-même. Que M. de V. ne diſe donc plus : *l'Homme n'eſt point une Enigme, comme vous vous le figurez pour avoir le plaiſir de la deviner.* L'Enigme, il y paroît au tourment que les Philoſophes ſe ſont donné de tout tems pour l'éclaircir, eſt auſſi ancienne que le Monde. Nous ne la devinons pas ; c'eſt la Religion qui nous l'explique. Jamais *la chair & le ſang* ne nous auroient *révélé ces choſes*, & voilà pourquoi M. de V. les ignore.

L'Homme est à sa place, dites-vous ; *il est pourvû de Passions pour agir, & de Raison pour gouverner ses actions.* D'où vient donc que ni sa conduite, ni ses passions ne sont gouvernées par la Raison ? D'où vient, qu'avec une lumière qui lui montre ses devoirs, il éprouve en soi une convoitise qui le révolte contre eux ? En un mot, d'où vient qu'il s'écarte de la fin qui lui est prescrite, tandis que les autres Créatures tendent fidèlement à la leur ? Voilà un véritable désordre, comme M. de V. est forcé de l'avoüer un moment après l'avoir nié. L'Homme n'est donc point à sa place. *Si l'Homme étoit parfait, il seroit Dieu.* Selon M. de V., il n'y a donc point dans l'Univers de Créature intelligente que la Raison gouverne ? Une telle Créature seroit parfaite en son genre, sans qu'elle fût pour cela l'Etre parfait. *Ces prétendues contrariétés,* poursuit-il, *que vous appellez Contradictions, sont les ingrédiens nécessaires qui entrent dans le composé de l'Homme, qui est ce qu'il doit être.* C'est-là dire assez nettement, que l'Homme ne doit point se reprocher ses vices, ni ses excès les plus furieux. Nous les appellerions des Maux ; nous nous trompons, ils sont un Bien, & d'ailleurs un ingrédient nécessaire à sa nature. Ses passions les plus turbulentes, ses travers les plus in-

commodes , ſes caprices les plus ridicules , entrent dans ſon compoſé, comme y entrent le ſang , la bile , & la pi-
tuite. *L'Homme eſt ce qu'il doit être.*
Maxime conſolante pour les Scélérats !
Reſte à voir, ſi elle eſt bien honorable
au Créateur , & bien utile à la Société.

ARTICLE IV.

A la duplicité viſible que Paſcal trouve dans l'Homme, M. de V. oppoſe, que
l'Homme n'eſt pas un ſujet ſimple. Il
le prouve par le nombre innombrable
d'organes dont il eſt compoſé : comme ſi
c'étoit ici du Corps qu'il fût queſtion. On
ſait bien , que l'altération qui arrive aux
organes corporels, affecte l'Ame, & la
fait paſſer d'un état à un autre , du plaiſir à la douleur, de la joie à la triſteſſe :
c'eſt un Fait d'expérience, mais qui ne
touche point à la difficulté , & qui ne la
réſout pas. Les Loix de l'Union ſuppo-
ſées, & avec elles, le pouvoir qu'ont
ſur l'Ame à certain point le Corps & les
objets extérieurs, il eſt pourtant ſûr que
l'Homme aïant , de votre aveu , une
Raiſon pour gouverner ſes actions & ſes
ſentimens, ſi tout chez lui ſe trouvoit
dans l'ordre , on ne le verroit point paſſer d'une préſomption démeſurée à un
horrible abattement de cœur, qui eſt le

phénomène qu'allègue Pafcal en preuve
de la duplicité de l'Homme , & de fes
contradictions inconcevables. Un Animal que fon Maître careffe & nourrit,
un autre qu'on diffèque lentement, fentent , malgré qu'ils en aïent , l'un du
plaifir , l'autre de la douleur, tout comme en fentiroit un Homme à leur place.
Ce font-là des fentimens impérieux qui
s'emparent de l'Ame , fans attendre les
ordres de la Volonté. La *préfomption dé-
mefurée* , *l'horrible abattement de cœur* ,
font des chofes toutes différentes. Ce
font des fentimens où la Raifon influe,
que la Volonté excite ou réprime à fon
gré , & qui par conféquent fe trouvent
hors du cas où le Corps maitrife abfolument l'Ame. Notre Critique ignore , ou
feint d'ignorer le droit naturel qu'a notre
Raifon de commander à l'Imagination &
aux Sens, pouvoir qui ne fe détruit, ou
du moins ne s'affoiblit en nous , que par
un effet de notre corruption originelle ,
& de notre dépravation volontaire. Que
la Raifon reprenne fes droits, il fe fera
dans l'Homme une réduction prodigieufe de ces trente ou quarante idées différentes, que les diverfes paffions qui l'a-
gitent lui donnent de la même chofe.
Que M. de V. ne s'y trompe pas ; toute
variété de fituation , de conduite, de
fentimens , n'eft point duplicité. Ainfi

la duplicité du Chien, de la Poule, de l'Arbre, font un badinage hors de propos. Celle qu'on reproche juftement à l'Homme, fe fonde fur des oppofitions effentielles de fentimens & de conduite, qui le mettent en contradiction avec la Raifon & avec lui-même.

L'Homme eft inconcevable, mais tout le refte de la Nature l'eft aufîi. Non pas au même égard, ni au même fens. Dans un prémier fens, l'Homme eft inconcevable, comme tout le refte de la Nature : il a fes myftères, comme les autres Etres qui compofent l'Univers, par rapport à leur effence, à leur opération, à leur production, à leur entretien, à leur ufage, ont aufîi leurs myftères. Mais ce n'eft pas de quoi il s'agit. L'Homme a, pour ainfi dire, fon genre d'incompréhenfibilité à part, qui lui vient du déréglement qui l'éloigne de fa vraie deftination, tandis que les autres Créatures paroiffent fi fidèles à la leur.

Il n'y a pas plus de contradictions apparentes dans l'Homme, que dans tout le refte. Il paroît que M. de V. s'eft peu étudié lui-même. Renvoyons-le au portrait que fait de l'Homme, non une Satire de *Defpréaux*, ou quelque Poëte qui fe joue, ou quelque Théologien de mauvaife humeur ; mais un Livre très-Philofophique, qu'il aura lû fans doute : c'eft *la Pluralité*

des Mondes ; auquel il peut joindre *Bayle*
dans la XXI. des *Nouvelles Lettres fur la
Critique du Calvinifme*. Il y verra repré-
fentées d'après nature, & de main de
Maître, les contradictions furprenantes
que l'Homme réunit en foi.

ARTICLE V.

" Ne point parier que Dieu eft, c'eft
" parier qu'il n'eft pas, " dit Pafcal. Cette Propofition eft *évidemment fauffe*, fi
l'on en croit fon Critique ; *car celui qui
doute, & demande à s'éclaircir, ne parie ni
pour ni contre*. Mais que doit-on penfer,
je vous prie, d'un homme qui réfifte aux
démonftrations évidentes que nous avons
de la Divinité, & qui, pour ne point reconnoître un Dieu, bouche fes oreilles à
la voix de toute la Nature qui lui (*) crie qu'il
y en a un? Un pareil homme fe retran-
che-t-il dans le fimple doute ? Peut-on dire qu'il fe tient dans le pur équilibre ? En
réfiftant à une Vérité fi manifefte, ne la
nie-t-il pas ? & fon jugement deftitué de
folide appui, n'eft-il pas le pari le plus
imprudent, le plus infenfé qui fut jamais ?

De plus, continue M. de V., *l'intérêt que*

_____

(*)Ce font les propres paroles de M. deV. au
bas de la page 144 à la fin de ce même Article.

j'ai à croire une chose , n'est pas une preuve de l'existence de cette chose. Je vous donnerai (*) , dites-vous l'empire du monde , si je crois que vous avez raison &c. Le Critique se seroit épargné la répétition de ce vieux sophisme, auquel on a solidement répondu depuis long-tems, s'il eût daigné se donner la peine de lire l'*Avis* qui est à la tête de la Section VII. des *Pensées*. Si les Esprits-forts souhaitoient de tout leur cœur que le Chrétien eût raison, leur conversion seroit, il y a long-tems, une affaire faite. On n'oppose jamais aux preuves du Christianisme, que d'injustes desirs & de faux intérêts de passion , sur lesquels, chez tout homme sensé, notre véritable intérêt emportera toujours la balance.

Si dans votre Système Dieu n'est venu que pour si peu de personnes, si le petit nombre des Élus est si effrayant , si je ne puis rien du tout par moi-même, dites-moi, je vous prie, quel intérêt j'ai à vous croire ? N'ai-je pas un intérêt visible à être persuadé du contraire ? A cette vive apostrophe qu'on adresse à Pascal, la réponse se présente d'abord. Vous n'avez nul intérêt, je le veux , à croire le Système particulier de Mr. Pascal sur le petit nombre des Élus:

(*) La netteté du discours demandoit qu'on mît , *vous me donnerez.*

mais pour cela, en avez-vous moins
d'intérêt à croire un Dieu, à croire la
Religion ? Vous ne devez donc point
vous refuser aux bonnes preuves que Mr.
Pascal vous en donne. Ne croyez de son
Système sur les Elus, que ce que vous
jugerez à propos ; mais du moins, sur
les excellentes preuves qu'il allègue, &
qui sont très-indépendantes de ce Système, croyez la vérité d'un Dieu & d'une
Religion, que vous avez tant d'intérêt à
croire.

D'ailleurs, je doute que M. de V. ait
bien saisi le nœud de la difficulté qui se
présente contre le Système de Pascal.
Pour la mettre dans son jour, il auroit
fallu tourner ainsi la question : " Si je ne
" puis rien du tout par moi-même, pour-
" quoi me reprochez-vous mon incrédu-
" lité ? Pourquoi m'exhortez-vous à sor-
" tir d'un tel état ? Car que peuvent les
" raisons, sur un homme qui ne peut
" rien, & qui selon vous est prédestiné
" ou à mourir incrédule, ou à ne cesser
" de l'être que par une conversion dont
" on ne sauroit hâter ni reculer le mo-
" ment ? " Mais il est clair que si cette
Objection attaque le Dogme d'une Pré-
destination absolue, elle n'ébranle en aucune sorte la vérité de la Religion en
général. Pour ce qui est de l'Argument pris
de ce que la prudence ordonne de choisir

le parti le plus fûr, je ne vois pas que la
confidération du petit nombre des Elus
l'énerve le moins du monde. Car enfin,
vous dira Pafcal, fi la Religion eft vraie,
vous vous damnez infailliblement en re-
fufant de la croire, puifque ce n'eft que
parmi les Croyans qu'il y a des Elus; au
lieu que dans l'incertitude où vous laiffe
le profond fecret de la Prédeftination,
votre renoncement à l'Incrédulité forme
du moins un préjugé favorable à votre
Salut.

ARTICLE VI.

Pafcal nous dépeint la déplorable condition de l'Homme, qui ne fait en ce
Monde ni d'où il vient, ni où il va. Ignorance qui, pour peu que l'Homme réflé-
chît férieufement fur lui-même, lui feroit
bien fentir fa mifère. A cela M. de V. oppofe (*) le bonheur dont jouït dans une
grande Ville, comme Londres & Paris,
la Multitude qui vit fans réfléxion. Ce
n'eft point réfuter Pafcal, ni convaincre
fon Tableau de menfonge. Les hommes
font infiniment plus malheureux qu'ils ne
croient. Car pour ne pas fentir la mifè-

_____

(*) On peut confulter un petit Poëme de M.
de V. à la loüange du *Siècle de Fer*, qu'il préfére
hautement au *Siècle d'or*.

re, on ne laiſſe pas d'être miſérable. Il eſt vrai que leur condition eſt ſupportable, qu'elle eſt même douce à bien des égards. Ils jouïſſent des biens de la Nature ; des dons de la Providence, des douceurs de la Société, dont cette même Providence forme & entretient les nœuds ; tout cela enſemble fournit une ample matière à leur gratitude. Mais leur condition naturelle n'en eſt pas moins miſérable, à les conſidérer comme privés des ſecours de la Religion, & mettant de côté les eſpérances qu'elle nous donne. Car voilà le point de vûe de Paſcal. Repréſentons-nous les habitans d'un ſuperbe Palais, où la magnificence éclate de toutes parts ; où l'abondance la plus diverſifiée remplit tous les beſoins, & fournit à tous ces plaiſirs. On n'y fait que manger, boire, dormir, rire & chanter du matin au ſoir. Les jours s'y paſſent en fêtes & en divertiſſemens continuels. Rien ne manque, dites-vous, au bonheur de ces gens-là. Quelqu'un vous répond : *Vous êtes dans l'erreur. Ces gens, dont le ſort vous paroît digne d'envie, ſont en effet très-malheureux. Je ſuis inſtruit de bonne part, que le Palais qu'ils habitent eſt contre-miné, qu'il doit ſauter au prémier jour ; & les enſevelir tous ſous ſes ruines. Si cet homme vous dit vrai, vous devez convenir ce me ſemble, que l'ignoran-*
ce

ce où font les habitans de ce Palais, du
péril qui les ménace, n'en détruit pas la
réalité, ni n'empêche pas qu'ils ne foient
véritablement dignes de compaſſion. Pour
ceſſer de l'être, il faudroit qu'inſtruits du
péril, ils euſſent pris de juſtes meſures
pour l'éviter. Telle eſt la condition naturelle de l'Homme, telle eſt ſa miſere.
La Religion, qui la lui découvre, lui en
fournit en même-tems le remède. En
nous montrant le danger qui pend ſur
nos têtes, elle nous apprend les moyens
de s'en garantir. Pauvres humains! vous
habitez un agréable ſéjour; la Nature y
déploie toutes ſes richeſſes; l'Art s'épui-
ſe pour en multiplier les commodités &
les agrémens. Mais hélas! vous ne ſa-
vez qui vous y a mis, combien vous y
reſterez, & ce que vous deviendrez
quand on vous en tirera. N'y eût-il que
cela ſeul, vous ne ſauriez vous croire
heureux, ſans être des ſtupides, ou des
inſenſés. Mais ſi vous êtes ſages, vous
n'épargnerez aucun effort pour ſortir de
cette cruelle incertitude, vous cherche-
rez avec ardeur une lumière qui la diſſipe.

Quel eſt l'Homme ſage qui ſera prêt à ſe
pendre, parce qu'il ne ſait pas comme on voit
Dieu face à face, & que ſa Raiſon ne peut
débrouiller le Myſtère de la Trinité? L'Ignorance que Paſcal met avec juſtice au rang
de nos plus grands maux, celle dont

F

l'Homme fage cherche à fe délivrer le
plutôt qu'il peut, n'eft point celle qui
l'empêche de pénétrer les *Myftères*; c'eft
l'ignorance du fort qui l'attend après cette courte vie, c'eft l'ignorance du moyen
de parvenir au vrai Bonheur, lequel ne
fe trouve point ici-bas, & que la mort
enléveroit tôt ou tard à qui l'y auroit
trouvé.

Pourquoi nous faire horreur de notre Etre?
L'Homme ne doit point avoir horreur de
fon Etre; mais le Pécheur fait bien d'ouvrir les yeux pour voir l'horreur de fon
état. La Terre n'eft pour l'Homme ni
un lieu de délices ni *un lieu de fupplices* : elle
eft, dans les vûes de celui qui l'y a placé,
un lieu d'épreuve & d'entrepôt, par rapport à l'autre Monde. L'Homme y doit
remplir fa deftination, & pour cet effet
s'en inftruire, en confultant les leçons
que la Religion lui donne. Il n'y a aucun
Fanatifme dans ces idées-là.

ARTICLE VII.

Sur l'attente des Juifs par rapport au
Meffie, attente, fi l'on en croit notre
Critique, toute contraire à celle que Paf-
cal leur attribue, diftinguons les idées des
Juifs grofliers, foit d'aujourd'hui, foit du
tems de Jefus-Chrift, d'avec celles des
Juifs éclairés & pieux qui vécurent avant

sa venue. On est bien hardi d'oser ici
soutenir sans preuve, que la Nation Juive
n'a jamais attendu un Libérateur du Genre - humain , qui , promis aux Patriarches à commencer dès le prémier Homme, dût réunir tous les Peuples dans le
Culte du vrai Dieu. C'est donner un démenti formel à tous les Prophètes , à
Jean-Baptiste , Isaïe, Zacharie &c. qui
attachent si clairement la conversion des
Gentils & le Salut du monde à la personne d'un Messie , lequel issu d'Abraham, devoit naître dans la Tribu de Juda,
de la Famille de David. Les Juifs qui se
sont convertis à la Prédication des Apôtres, ont pensé précisément sur cela ce que
nous pensons. Si les autres Juifs sont d'avis
différent, c'est par un effet de cette même incrédulité qui leur fit rejetter Jesus-
Christ. L'Aveugle préjugé des Enfans ne
sauroit prescrire contre la persuasion éclai-
rée des Pères.

ARTICLE VIII.

M. *de Voltaire*, dans cet Article, donne trois démentis à Pascal. 1º. Il dit qu'il
est très-faux que la Loi des Juifs soit la
plus ancienne, puisqu'avant Moïse leur
Législateur, ils demeuroient en Egypte,
le Pays de la Terre le plus renommé pour
les sages Loix. Je prie M. de V. de nous

produire un monument certain, & d'une antiquité auffi fûre que celle des Ecrits de Moïfe, par où il paroiffe qu'avant Moï-fe l'Egypte avoit des Loix écrites. Je le prie de nous faire voir par quelque té-moignage autentique, que le prétendu *Hermès* ou *Mercure Trifmegifte*, qui paf-fe pour le prémier Légiflateur de cette Nation, vivoit avant le Légiflateur Juif. Car on fait dans quelle obfcurité fabuleu-fe fe perd l'ancienne Hiftoire des Egyp-tiens; quelle créance méritent les ouï-dire d'*Hérodote*, les rapports confus de *Diodore de Sicile*, & les fragmens obfcurs de *Manéthon* fur cette matière. Il eft cer-tain que le plus ancien Légiflateur qui fût connu en Grèce, étoit *Minos*. Or Mi-nos, comme il paroît par les Marbres d'*Axundel*, n'a fleuri que 1432 ans avant Jefus-Chrift, par conféquent plus de foi-xante ans après la Loi publiée fur le Sinaï. Que l'Egypte ait été renommée pour fes fages Loix, c'eft de quoi perfonne ne dou-te : refte à prouver que ces Loix fi fages fuffent établies & rédigées par écrit (car c'eft-là la queftion) avant la fortie des Enfans d'Ifraël hors d'Egypte.

Il eft très-faux, ajoûte le Critique, *que le nom de Loi n'ait été connu qu'après Ho-mère. Il parle des Loix de Minos. Cela fe peut. En ce cas, l'erreur tombe fur Jo-fephe, que Pafcal allègue pour fon garant.

Mais il falloit citer l'endroit d'*Homère*, où je doute fort que le mot de Νέμος, pour signifier *Loi*, se rencontre nulle part (*). *Il y avoit des Rois & des Juges, donc il y avoit des Loix*, c'est-à-dire un Corps de Loix écrites ; car encore une fois, c'est de quoi il s'agit : voilà une conséquence, dont M. de V. aura quelque peine à nous montrer la justesse. *Il est encore très-faux, que les Grecs & les Romains aïent pris des Loix des Juifs*. Pourquoi ? parce que dans les commencemens de leurs Républiques, ils ne pouvoient les connoître ; & que dans le tems de leur grandeur, ils les méprisoient. Merveilleuse raison ! Comme si, pour dériver leurs Loix de celles des Juifs, ils eussent dû les recevoir immédiatement de leurs mains ! Quand M. de V. voudra donner des démentis, qu'il ait soin une autre fois de les appuyer sur de bonnes preuves.

ARTICLE IX.

La sincérité des Juifs, qui gardent avec amour & fidélité, aux dépens même de leur vie, un Livre qui les deshonore à tant d'égards : cette sincérité sans exemple dans le Monde, & qui n'a point sa racine dans la Nature, est un Argument

____

(*) Νέμὸς, pour dire *Pâturage*, avec un accent grave, s'y trouve bien.

que Pascal fait bien valoir pour la Divinité de ce Livre. Mais cette sincérité ne frappe point notre Critique, qui n'y voit que l'orgueil d'un Peuple intéressé à se croire le Favori du Ciel, à se persuader *que ce n'est point sa grossièreté qui l'a perdu, mais la colère de Dieu qui le punit. Le Juif pense avec satisfaction, qu'il a fallu des miracles pour l'abbatre & que sa Nation est toujours la bien-aimée du Dieu qui la châtie.* Tout est faux, artificieux, plein de malins déguisemens, dans ce tour que le Critique donne à la chose. Examinons-le de près, & ce qu'il offre d'éblouïssant va disparoitre.

Vous dites donc, que cette fidélité des Juifs pour leur Loi ne suppose rien de surnaturel, qu'elle a par tout des exemples, que sa racine est dans la Nature. A votre avis, l'idée d'être sous la protection immédiate de la Divinité, avoit pour eux quelque chose de si flateur, que cela suffisoit pour les tenir inviolablement attachés à cette même Loi qui les traite de rebelles, de stupides & d'ingrats. En vérité, le paradoxe est un peu fort. Je veux, qu'à supposer cette Loi une fois toute établie, un pareil motif ait pû prévaloir sur des reproches si flétrissans. Mais de quel sens, dites-le-moi, Moïse lorsqu'il entreprend de soumettre un Peuple farouche à des Loix dures & sévères, les

lui donnant fauſſement pour émanées du
Ciel, y inférera-t-il des faits, des reproches, des prédictions, des peintures ſi
humiliantes pour ce Peuple ? De pareils
traits étoient - ils fort capables d'aider à
l'impoſture, de l'appuyer, de la per-
pétuer dans la créance des Juifs ? Cela
les diſpoſoit-il à ſubir docilement le joug
d'une telle Loi ? à la garder avec amour?
à la tranſmettre à leurs deſcendans ſans
aucune altération ? Aſſurément cela n'eſt
point naturel, & l'on ne ſauroit s'empé-
cher d'en conclûre, que pour leur inſpi-
rer un profond reſpect, & plier leurs eſprits à une pareille ſoumiſſion, il falloit
que cette Loi eût des marques de la Divinité bien avérées. Moïſe, au reſte, n'eſt
pas le ſeul qui leur tienne un pareil langage : les Prophètes parlent aux Juifs de
leur tems, ſur le même ton : ils leur re-
prochent auſſi l'oubli de leurs devoirs,
la rebellion contre Dieu, l'ingratitude,
l'idolatrie : ils leur annoncent les châtimens qu'une pareille conduite leur atti-
rera. Qu'eſt-ce qui auroit pû obliger ce
Peuple à conſerver précieuſement des
Ecrits qui faiſoient ſa condamnation &
ſa honte, à les inférer dans le Canon des
Ecritures comme des Ouvrages inſpirés,
à moins qu'un même caractère divin, reconnu dans le miniſtère des Prophètes
comme dans celui de Moïſe, n'y ait main-

tenu leur autorité avec celle de la Loi
même ? Un Imposteur commencera toujours par flater les Peuples, pour les soumettre. Il ne s'avisera jamais de mêler l'Histoire de leurs iniquités & de
leurs desordres, à des Faits miraculeux
dont il veut établir la créance à perpétuité chez leurs descendans, ni de les inférer
dans une Loi qu'il entreprend de rendre
fondamentale à la Religion & à l'Etat.
Qu'on commence par m'avoüer cela,
après quoi j'avoüerai volontiers, que la
Religion Mosaïque une fois établie, &
ses Prophètes reconnus pour inspirés,
Israël aimera beaucoup mieux croire que
c'est la colère du Ciel qui le punit, que
d'attribuer ses disgraces à sa malhabileté.
Au reste, l'Histoire Sainte ne persuadoit
point au Peuple de Dieu, comme on le
prétend, qu'il fallût des miracles pour
l'abbattre, quoiqu'elle lui montrât qu'il
en avoit fallu pour le soutenir ; puisqu'il
suffisoit que Dieu, irrité par ses crimes,
retirât sa protection miraculeuse, pour
le rendre la proie de Voisins sans comparaison plus puissans que lui : c'est ce que
montre cette Histoire. Ainsi, si sa pros-
périté, quoique le pûr ouvrage du Ciel,
lui servoit de prétexte à s'enorgueillir,
du moins ses disgraces ne laissoient nulle
ressource à son orgueil.

Après toutes ces réfléxions, qui n'ap-

perçoit la difparité du cas, entre le Légiflateur des Ifraélites, qui immortalife
leur honte dans ces mêmes Loix qu'il
leur donne, & le Prédicateur qui rejette
adroitement fur les péchés de la France,
le mauvais fuccès de fes armes ? puifque
ce dernier ne fait, en traitant les François de *Catholiques chéris de Dieu*, que
fuppofer une idée toute établie, idée toujours très-flateufe en elle-même; au-
lieu qu'il s'agiffoit pour le prémier, de
faire recevoir fa Loi comme divine, &
d'en impofer le joug aux Juifs, en y
mêlant ce qu'il y avoit de plus propre à
revolter leur orgueil. Sans contredit, il
eft bien doux pour Ifraël, de fe croire
le Peuple choifi de Dieu par préférence
à toutes les autres Nations : cette gloire
peut même le foutenir dans la pénible
obfervation d'une Loi déja reçue. Mais
quand il s'eft agi de la lui faire recevoir,
humainement parlant, on n'a dû rien
omettre de ce qui pouvoit l'apprivoifer
au joug. En lui vantant fes privilèges,
on n'a point dû l'en déclarer indigne, ni
lui faire fon propre portrait avec des couleurs fi noires. L'Orateur qu'on nous cite,
bâtit fur un principe reçû chez fes Audi-
teurs. En conféquence, il donne aux ca-
lamités de l'Etat le tour le moins humi-
liant pour fa Nation qu'il lui eft poffi-
ble : car après tout, on eft moins fenfi-

ble à la honte du Vice, qu'à celle de la Malhabileté; & s'il faut nécessairement choisir, on appréhendera toujours bien plus d'être méprisable devant les hommes, que d'être coupable devant Dieu. Mais en reprochant aux François, que leurs crimes infames ont allumé sa colère, l'adroit Harangueur ne s'avise point de leur prédire que leur conduite ne vaudra pas mieux à l'avenir, & qu'elle ne manquera pas de leur attirer des châtimens plus sévères encore. Quelle comparaison y a-t-il donc entre un tel Prédicateur, & Moïse? Je n'ignore pas les privilèges des Poëtes; mais étoit-il permis à M. de V., tout Poëte qu'il est, de faire un parallèle comme celui-là?

ARTICLES X. XI.

S'il y a un Dieu, il ne faut aimer que lui, dit Pascal; c'est-à-dire, que c'est lui qu'on doit aimer par-dessus tout. On ne doit rien aimer que pour lui, en lui, par rapport à lui, & d'un amour subordonné au sien. Les sentimens naturels de bienveillance, que Dieu met en nous pour nos proches, sont très-compatibles avec cette Maxime; & la prétendue opposition qu'y trouve notre Critique, existe dans sa seule imagination. Il en faut dire autant de la critique suivante. Quand Pascal traite d'*injuſtice* la *tendance vers ſoi*, qu'il dit que *cette pente eſt le commencement de tout deſordre* &c. il n'exclud point l'Amour-propre réglé, perfectionné par la Religion. Paſcal n'ignoroit certainement pas, que les hommes naiſſent remplis de beſoins, & dans la dépendance les uns des autres; que par conſéquent l'Amour-propre ſerre le lien de leur Société, par un commerce de ſecours mutuels. Il n'avoit donc garde d'établir la ridicule chimère de *Créatures uniquement attentives au bien d'autrui*, de *Marchands qui iroient aux Indes par charité* &c. Seulement, il exclud cette pente déréglée qui rapporte tout à ſoi, & qui ne ſonge qu'à ſoi. Car une telle pente étant la ſource de toute injuſtice, tend au renverſement entier de la Société elle-même.

ARTICLE XII.

Le ſens caché des Prophéties ne pouvoit, ſelon Paſcal, induire les Juifs en erreur, & il n'y avoit qu'un Peuple auſſi charnel qu'ils l'étoient, qui pût s'y méprendre, c'eſt-à-dire, qui pût déterminer aux ſeuls biens terreſtres, le ſens des promeſſes qu'elles contiennent. *En bonne foi,* repond M. de V., *le Peuple le plus ſpirituel de la terre l'auroit-il entendu autrement? Ils étoient eſclaves [des Romains ils atten-*

I vj

doient un Libérateur qui les rendroit victo-
rieux &c. Mais les circonstances où se trou-
voient les Juifs au tems de Jesus-Christ,
ne concluent rien pour les Siècles précé-
dens, ni n'empêchent que les anciens Juifs
ne fussent attentifs aux grands Principes
de la Religion Naturelle, nécessairement
supposés dans la Révélation Mosaïque;
qu'ils ne se souvinssent des promesses faites aux Patriarches, & en leur personne
à tout le Genre-humain; & qu'ils ne
fussent frappés de tant d'Oracles qui an-
nonçoient que l'Oeconomie Lévitique
devoit finir, & qu'à sa place succéderoit un
nouveau Culte, dans lequel toutes les Nations se réuniroient un jour. Les Prophéties n'étoient pas leur Loi; mais elles ex-
pliquoient la Loi, en montroient les vûes,
& promettoient assez clairement une Loi
nouvelle, dont l'ancienne n'étoit que le
prélude. La Religion de Jesus-Christ a
bien détruit la *Circoncision* & le *Sabbat*, mais
ne les a point rendus *abominables* en soi.
Appeller, comme fait M. de V., ces deux
Observances, *les fondemens sacrés de la
Loi Judaïque*, est une extrème méprise,
ou du moins une expression fort impro-
pre. Enfin, cet Article d'un bout à l'autre n'est que pure déclamation, sans une
ombre de justesse. *Adorons Dieu*, dit-il
en le concluant, *sans vouloir percer l'obscu-*
...des Mystères. J'aimerois autant qu'il

eût dit : *Otons à la Religion tous ses appuis, mais cependant croyons-la.*

ARTICLE XIII.

Pascal : *Le tems du second Avénement de Jesus-Christ n'est point prédit.* Vous vous trompez, répond notre Poëte, *il l'est au* Ch. XXI. de S. Luc, *encore plus clairement que le prémier*, Mr. Pascal avoit apparemment oublié que Jesus-Christ dit expressément dans cet endroit : " Lorsque vous " verrez une Armée environner Jérusa- " lem, sachez que la désolation est pro- " che. Jérusalem sera foulée aux pieds, " & il y aura des Signes dans le Soleil, " & dans la Lune, & dans les Etoiles ; " les flots de la Mer feront un grand " bruit . . . . les Vertus des Cieux seront " ébranlées ; & alors ils verront le Fils " de l'Homme qui viendra sur une nuée " avec une grande puissance & une gran- " de majesté. " *Ne voilà-t-il pas,* ajoûte M. de V. *le second Avénement prédit distinctement ? Mais si cela n'est point arrivé encore, ce n'est point à nous d'oser interroger la Providence.* Cela s'appelle, lancer de derrière le voile d'une humble soumission, des traits empoisonnés contre la Foi. On fait entendre que la prédiction est fausse, puisqu'un événement qu'elle caractérise si bien par toutes ses circonstances, & qu'elle fait

envifager comme prochain, n'eſt point
arrivé depuis dix-ſept Siécles qu'il eſt prédit. Mais il y a pour le moins autant d'im-
prudence que de malice à nous objecter
un Oracle, dont l'éclatant accompliſſement dans la ruine de Jéruſalem forme
une des preuves triomphantes de la Divinité du Chriſtianiſme. L'unique prétexte de l'Objection, eſt cette expreſſion équivoque : *Ils verront le Fils de
l'Homme venir ſur une nuée*. Mais il
n'eſt perſonne tant ſoit peu verſé dans
le ſtile des Prophètes, qui n'entende ce
qu'elle ſignifie ici, & qui oſât chicaner
l'accompliſſement ſenſible de la Prophé-
tie dans tous ſes points, ſur le défaut
d'une venue perſonnelle de Jeſus-Chriſt
pour détruire Jéruſalem. Quand Paſcal
ſoutient que le tems du ſecond Avénement
n'eſt point prédit, il parle de celui du
Sauveur au dernier Jour pour juger l'U-
nivers. Or de ce dernier Avénement,
l'Oracle de S. Luc n'en dit mot ; & dans
le Chap. **XXIV.** de S. Matthieu, le Sauveur, qui l'annonce immédiatement après
avoir prédit les malheurs de Jéruſalem,
déclare en termes exprès, que nul n'en
ſait le jour ni l'heure. Il faudroit avoir
un peu mieux étudié nos Ecritures,
avant que d'entreprendre de les attaquer.

ARTICLE XIV.

On nie hardiment dans cet Article, que l'attente d'un Meſſie fût un Point de Religion chez les Juifs. On ſoutient que c'étoit ſeulement une idée conſolante, répandue parmi cette Nation. *Les Juifs eſpéroient un Libérateur, mais il ne leur étoit pas ordonné d'y croire comme Article de Foi.* Ce fut pourtant un Article fondamental de la Religion des Patriarches. Ce fut le grand objet des promeſſes faites à Adam, à Abraham, à David. L'Oracle de Jacob, *Geneſe* Chap. XLIX, & celui de Moïſe, *Deut.* Ch. XVIII: *le Seigneur votre Dieu vous ſuſcitera un Prophète* &c. avoient le même objet en vûe. C'étoit l'attente d'Iſraël, lorſque Jeſus-Chriſt vint au Monde; & ç'a toujours été dans la ſuite celle des Juifs.

Sans doute M. de V. aura oüi dire à ſes Amis, que pluſieurs Rabbins ne regardoient pas l'attente du Meſſie comme un des Points fondamentaux de leur Religion. Mais tout cela ſe réduit à l'opinion particulière, & douteuſe encore, du Rabbin *Hillel*, Chef de l'Ecole de *Tibérias*, dans le IV. Siècle après Jeſus-Chriſt. Opinion rapportée dans la *Gémare*, & qui eſt hautement condamnée & détestée, par ceux-là mêmes qui la rap-

portent. Le ſavant Dr. *Chandler*, aujourd'hui Evêque de *Durham*, a très-
exactement diſcuté ce fait dans ſa II. Ré-
ponſe à *Collins*, & pleinement diſſipé
l'Objection de cet Incrédule. Voyez ſa
Vindication of the Deffenſe of Chriſtianity,
Liv. II. Chap. I. Sect. I.

ARTICLE XV.

Sur le double ſens que Paſcal donne
aux Prophéties, M. de V. remarque, que
ce ſentiment eſt capable d'ébranler les
fondemens du Chriſtianiſme, qu'il qualifie de *Religion ſainte & raiſonnable. Un
Incrédule pourroit lui dire :* "*Celui qui donne
" deux ſens à ſes paroles, veut tromper les
" hommes, & cette duplicité eſt toujours
" punie par les Loix. Comment donc pouvez-
" vous ſans rougir, admettre dans Dieu,
" ce qu'on punit & ce qu'on déteſte dans les
" hommes ? Que dis-je ! avec quel mépris,
" avec quelle indignation ne traitez - vous
" pas les Oracles des Païens, parce qu'ils
" avoient deux ſens ?* " L'invective eſt ſan-
glante, comme vous voyez, & le zèle
furieux de cet Incrédule que M. de V.
fait parler ici contre nos ſacrés Oracles,
ne reſſemble pas mal à celui des Prêtres
du Paganiſme contre les Chrétiens. Mais
cette attaque n'eſt qu'un vain bruit. Je
lui réponds, que ces Oracles à double

entente qui ſe rendoient chez les Païens
ſur une ſeule & même affaire , que ces
Réponſes trompeuſes , dont l'ambiguité
affectée préſentoit des ſens contraires ,
excluſifs l'un de l'autre , & dont l'un étoit
néceſſairement faux , ſi l'autre étoit vrai ,
comme (*) celle que la Pythie rendit
à *Crœſus* ; que de tels Oracles , dis - je ,
n'ont rien de commun avec nos Oracles
typiques , où nous montrons deux ac-
compliſſemens réels & ſucceſſifs , le prémier moins conſidérable que le ſecond ,
& qui portent ſur deux objets à la fois ,
dont le plus prochain, quand il exiſte, devient l'image du plus éloigné qu'on attend après. Avant que d'être en droit de
ſe mocquer de ces ſortes de Prophéties , il faudroit avoir prouvé d'ailleurs
que l'Evangile eſt une fable , & que la
Révélation Moſaïque en eſt une auſſi. Il
faudroit être bien ſûr que l'état des Juifs

_____

(*)Herodot. *Clio* LIII. Cic. *de Divin.* II. 56.
qui rapporte au même endroit celle qui fut
rendue à Pyrrhus. *Ibid.* Cap. 54. parlant des
Livres Sibyllins : *Callide qui illa compoſuit , per-
fecit ut quodcumque accidiſſet prædictum videretur,* hominum & temporum *definitione ſubla-
ta. Adhibuit etiam latebram obſcuritatis , ut
idem verſus alias in aliam rem accommodari
poſſe videretur.* Ce paſſage de *Cicéron* , qui caractériſe ſi au naturel l'impoſture des Oracles
Païens , ſuffit pour renverſer le parallèle qu'on
en fait avec ceux de nos Ecritures.

n'avoit rien de furnaturel & de Divin ,
qui dût fervir de préparatif à une Oeconomie plus excellente. Car dans la feule hypothèfe de cette double Oeconomie, qui ne fauroit être indigne de Dieu ,
dès qu'une Révélation faite aux hommes
n'est point indigne de lui , le double fens
des Oracles n'a rien que de conforme à
fa Sageffe. D'ailleurs , ce double fens fe
prouve d'une manière invincible , par la
comparaifon des Oracles mêmes avec
leur double accompliffement. Un prémier événement fera deftiné par la Providence à en figurer un autre. Dès-lors
l'Oracle qui prédit le prémier des deux ,
a de plus grandes vûes ; & dans un fe-
cond fens, plus énergique & plus noble , il porte fur cet autre événement ,
dont le prémier n'est que la figure. Il
est vrai qu'il y a dans les Prophètes divers Oracles qui n'ont qu'un fens, & dont
Jefus-Chrift est l'objet unique. Tel est
celui des *feptante Semaines* de *Daniel*, divers autres de *Michée* , de *Zacharie* , de
Malachie. Tel est en particulier celui du
III. Chapitre d'*Ifaïe* , dont la lecture ,
difons - le en paffant, contribua fi fort au
changement du fameux Comte de *Rochef-*
ter. Mais on ne peut point dire, que quand
nous n'aurions aucune intelligence des
Prophéties, la Religion n'en feroit pas
moins prouvée ; puifque toute la Religion

Chrétienne fuppofe une parfaite harmonie
entre le Nouveau Teftament & l'Ancien,
Jefus-Chrift s'étant donné pour le Meffie
attendu des Juifs, & promis par tous les
Oracles.

ARTICLE XVI.

" La diftance infinie des Corps aux
" Efprits, figure la diftance infiniment
" plus infinie des Efprits à la Charité,
" car elle eft furnaturelle ". Cette penfée de Pafcal eft traitée fans façon de *ga-*
limatias par M. de V., & M. de V. n'avoit
garde d'y manquer; car *l'homme animal*
ne comprend point les chofes qui font de l'Ef-
prit de Dieu, elles lui font folie, vû qu'elles
fe difcernent fpirituellement. Qu'il feroit à
fouhaiter que Pafcal eût eu le loifir de
donner à cet Article XIV. de fes *Penfées*,
qui roule fur les trois divers ordres de
Grandeur, toute l'étendue qu'il mérite!
Tâchons pourtant, au rifque d'effuyer
les fuperbes dédains de nos Ariftarques
modernes, tâchons de leur rendre cette
penfée intelligible. Il eft certain que les
Efprits font infiniment plus nobles que
les Corps; & quoique M. de V. ait cal-
culé (*) que la proportion entre fon *Chien*

(*) Dans une Lettre dattée du 4 Juin 1736.
Voyez le Recueil intitulé, *Amufemens Litté-*
raires, Tome II. page 193.

& *Lui*, est environ celle d'*un à cinquante*, je lui soutiens qu'il y a erreur dans ce calcul, & qu'assurément il a eu tort de se mettre si fort au rabais. Cependant, eussiez-vous joint aux talens de M. de V. le puissant génie de *Corneille*, le goût exquis de *Despréaux*, & la profondeur de *Newton*; si la vraie Vertu vous manque, vous vous trouverez, dans l'ordre réel des choses, fort au-dessous d'un homme qui croit la Religion & qui la pratique. Le malheur est ; *qu'il y en a*, comme dit Pascal, *qui ne peuvent admirer que les grandeurs charnelles, comme s'il n'y en avoit pas de spirituelles ; & d'autres qui n'admirent que les spirituelles, comme s'il n'y en avoit pas d'infiniment plus hautes dans la Sagesse.*

ARTICLE XVII.

Pascal : " Les foiblesses les plus appa-
" rentes sont des forces à ceux qui pren-
" nent bien les choses. Par exemple, les
" deux Généalogies de S. Matthieu &
" de S. Luc : il est visible que cela n'a
" pas été fait de concert. " M. de V. s'é-
lève contre cette pensée. Il s'écrie avec son zèle ordinaire, qu'elle fait tort à la Religion. *Dire que ces Généalogies, ces Points fondamentaux de la Religion Chrétienne se contrarient, sans dire en quoi elles peuvent s'accorder*, c'est présenter le

poifon , fans y joindre l'antidote ; & à
fon avis, les Editeurs des *Penfées* euffent
prudemment fait de fupprimer celle - ci.
" Que penferoit-on d'un Avocat qui di-
" roit : *Ma Partie fe contredit , mais cet-*
" *te foibleffe eft une force pour ceux qui fa-*
" *vent bien prendre les chofes ?* " Le Critique fe méprend. Non , Pafcal ne reffemble point à ce ridicule Avocat. Mais
fi un autre Avocat difoit : *Il eft vrai que*
deux Témoins que j'ai fait oüir en faveur de
ma Partie , femblent fe contrarier fur quel-
ques articles : mais la Cour va voir que ces
contrariétés ne font qu'apparentes ; & cela
même donne un nouveau poids à leurs dépofi-
tions , car il en réfulte qu'elles n'étoient point
concertées : un tel Avocat raifonneroit-il
fi mal ? Voilà juftement comme Pafcal
raifonne. Il fuppofe connus les moyens
de conciliation raifonnable entre les deux
Généalogies , que d'habiles Interprètes
ont fournies , pour tirer enfuite de cette
contradiction purement apparente , &
qu'il eft en droit de regarder comme telle ,
une preuve que les Evangéliftes n'ont
point agi de concert. Quand on accufe les
Hiftoriens de Jefus-Chrift de varier dans
leur témoignage , alors , pour défendre
la vérité de leur récit , il faut accorder
ces variétés , diffiper ces apparences de
contradiction. Cela n'empêche pas qu'on
n'ait raifon de fe fervir de ces apparen-

tes contradictions des Evangélistes, pour
les justifier du soupçon qu'ils aïent com-
ploté entre-eux de tromper la Postérité.
L'on peut juger présentement lequel des
deux manque de justesse, ou l'Auteur,
ou son Critique. Après cela, n'est-il
pas plaisant que ce dernier appelle les Généalogies de Jesus-Christ, *des Points fon-*
damentaux de la Religion Chrétienne? Il ne les
auroit peut-être pas qualifiées de la sorte,
s'il avoit sû que l'accord de ces Généalogies est plus facile qu'on ne lui dit (*).
Mais aussi, vouloit-on qu'il perdît l'occasion d'insinuer que les fondemens du
Christianisme sont ruineux ?

ARTICLE XVIII.

L'obscurité même de la Religion, &
l'indifférence que nous avons pour la connoitre, sont, au Jugement de Pascal,
des caractères de la vérité de la Religion.
D'un côté, si cette indifférence n'est que
trop naturelle à l'Homme corrompu ; de
l'autre, l'épreuve où Dieu le met pour le
sanctifier, lui rend cette obscurité nécessaire. M. de V. n'auroit donc point dû

(*) On peut consulter, entre-autres, une
savante Dissertation de Mr. *de Marca*, sur
la Généalogie de notre Seigneur, dans le
Recueil de ses Opuscules publié par Mr.
Baluze.

s'écrier là - deſſus : *Etranges marques de Vérité ! Quelles autres marques a donc le Menſonge ?* Il eſt certain que le Faux eſt de lui - même inintelligible , & que par conſéquent il ne ſauroit jamais être évident ; mais il ne s'enſuit pas de là , que le Vrai le ſoit toujours , ni que l'obſcurité ſoit la marque caractériſtique qui diſtingue le Faux du Vrai. *Quoi !* pourſuit-il , *il ſuffiroit pour être crû de dire* : Je ſuis obſcur , je ſuis inintelligible ? *Il ſeroit bien plus ſenſé de ne préſenter aux yeux que les lumières de la Foi, au lieu de ces ténèbres d'Erudition.* La Foi a ſes ténèbres , comme elle a ſes lumières. Paſcal en a dit clairement la raiſon. Il fait voir que ce mêlange même la caractériſe. Mais demandons à M. de V. ce que c'eſt que ces *lumières de la Foi*, & *ces ténèbres d'Erudition*, qu'il oppoſe les unes aux autres. Je ſuis aſſuré que s'il parloit ſincérement , il avoüeroit que dans cette belle antithèſe il ne s'entendoit pas lui-même. Qu'il ſeroit ſenſé de ſe taire , quand on n'a rien de meilleur à dire !

A R T I C L E XIX.

S'il n'y avoit qu'une Religion , Dieu ſeroit tròp manifeſte , dit Paſcal. Nouvelle priſe qu'il donne à l'impitoyable Cenſeur. *Eh ! oubliez-vous que vous dites à chaque*

dage, qu'un jour il n'y aura qu'une Religion?
Dieu sera donc alors trop manifeste ? Les
Erreurs d'inattention ont lieu quelquefois
dans un grand Génie comme Pascal, car
un grand *Génie* n'est pas infaillible : mais
il y a peu d'apparence qu'il lui arrive de
contredire formellement dans un endroit
de son Livre, ce qu'il y soûtient à chaque page ; & l'accuser légèrement d'une
telle faute, c'est montrer assez qu'on ne lui
ressemble pas. Vous me dites, Monsieur,
que bien des gens ont été surpris que Pafcal eût fait une si lourde bévûe. Mais si
ces gens - là eussent lû Pascal, ce seroit
au contraire la hardiesse de son Critique
qui les auroit étonnés. Elle persuaderoit
presque, que le Critique lui-même ne l'a
point lû. L'un des principes que Pascal
auroit sans doute fait valoir dans l'Ouvrage qu'il méditoit, on en juge au soin qu'il
a de le ramener souvent, c'est que Dieu
se cache aux uns, & se montre aux autres ;
c'est que dans la Religion, les ténèbres
sont toujours mêlées aux lumières ; mélange absolument nécessaire, par rapport
à l'état de la Foi où le Chrétien doit vivre ici-bas. Sur ce fondement, il dit que
s'il n'y avoit qu'une Religion dans le
Monde, c'est-à-dire, s'il n'y en avoit point
de fausses, & que la véritable fût reçue
par tout, Dieu seroit trop manifeste. Cela signifie, qu'il ne faudroit alors ni recherche,

cherche, ni difcernement pour connoître
Dieu , & les chofes de Dieu ; qu'on ne
l'aimeroit point par choix ; ce qui rédui-
roit à rien cette épreuve dans cette vie.

Oubliez - vous que vous dites à chaque
page, qu'un jour il n'y aura qu'une Religion?
Il y a ici une bizarrerie que je ne com-
prends pas. J'ai parcouru tout le Recueil
des *Penfées*, fans y découvrir en aucun
endroit ce que M. de V. affûre qu'il s'y trouve *à chaque page.* Mais fuppofé que Pafcal ait dit quelque part, *qu'un jour il n'y*
aura qu'une Religion, il n'aura rien dit que
de vrai, rien qui ne s'accorde parfaitement avec le principe que je viens de
développer. Au dernier Jour , il n'y aura qu'une Religion ; car (*) *Dieu y paroî-*
tra avec un tel éclat de foudre , & un tel
renverfement de la nature , que les plus aveu-
gles le verront. Alors la Vérité fe montrant
fans voile, triomphera de tous les efprits.
Dans le Ciel, il n'y aura qu'une Religion :
mais alors auffi, dans les vûës de la Providence, ceffera le befoin de cette épreuve , pour laquelle il ne convenoit point
que Dieu fût fi manifefte.

ARTICLE XX.

Dieu reprouve tout ce qui n'eft pas fon
Amour, ou tout ce qui n'y tend pas dans

(*) *Penfées.*Sect. XVIII. au commencement.

G

le Culte extérieur. Car il n'y a jamais eu qu'une véritable Religion, qui subsistoit au milieu d'Israël dans le petit nombre des Fidèles (*), comme elle avoit subsisté chez les Patriarches. C'est ce que les Prophètes autorisés du Ciel chez les Juifs pour interpréter la Loi Mosaïque, & pour leur annoncer une Oeconomie plus parfaite, leur ont tant de fois & si nettement déclaré, au sujet des Sacrifices & des autres Cérémonies, où ces Juifs charnels mettoient leur confiance. Si M. de V. avoit lû nos Livres prophétiques, il y auroit vû ces déclarations. Il ne s'écrieroit pas, comme il fait ici : *Quoi ! Dieu réprouvoit ce qu'il ordonnoit lui-même avec tant de soin & dans un détail si prodigieux ?* Ouï, il le réprouvoit (†) ; & qui plus est, il annonçoit l'abolition des Cérémonies Légales. Il les avoit établies par des motifs passagers, pris en partie du génie grossier de ce Peuple, & de la du-

(*) On parle ici d'Israël selon l'esprit, & c'est dans ce sens que S. Paul dit aux Romains *Ch. 9 ⊽. 6, que tous ceux qui descendent d'Israël, ne sont pas pour cela Israëlites.*

(†) Ce mot *réprouvoit* est ici pris dans un sens étendu, & signifie seulement que Dieu n'a point établi ce Culte extérieur, ni comme le moyen unique, ni comme le moyen principal, ni comme un moyen absolument indispensable, ni enfin comme un moyen perpétuel pour lui plaire.

reté de son cœur. Elles ne devoient du-
rer, qu'autant que duroient les raisons
de renfermer le vrai Culte dans les bornes d'une seule Nation : après quoi un
Culte plus raisonnable devoit s'établir, &
se répandre chez tous les Peuples sans
distinction. Culte, à la vérité, qui re-
tient encore quelque chose de sensible,
à cause de l'état de l'Homme sur la Terre, mais qui dans l'Oeconomie à venir,
devenu parfaitement spirituel, se réduira
au pur Amour. Défions-nous de cette
Maxime de *Sénèque*, que M. de V. paroît avoir adoptée : (*) *Nihil dignum in-*
ventu judicasset sapiens, quod non erat dig-
num perpetuo usu judicaturus ; ponenda non
sumeret. Il y a des choses bonnes, con-
venables, nécessaires pour un tems : elles
ont une utilité réelle, quoique passagère.
Quelquefois donc la sagesse ordonne de
prendre ce qu'on doit quitter un jour.
Toujours d'accord avec elle-même, dans
ses différentes conduites, elle abolit en un
tems, ce qu'elle avoit établi dans un autre.
Au surplus, c'est ignorer profondément la
Religion, que de trouver étrange que l'on
y ramène tout à l'Amour de Dieu. Le trait
de M. de V. là-dessus est plaisant : il pourra
faire rire les Molinistes ; mais l'essentiel y
manque, c'est la justesse & la vérité.

(*) *Senec.* Ep. XC.

G ij

ARTICLE XXI.

M. de V. méprife un peu trop tout ce qui n'eft pas Arts de Génie. Quoiqu'on foit naturellement incapable de ces Arts-là, il n'eft pourtant pas indifférent quel métier l'on embraffe. Tout le monde n'eft pas né avec affez d'efprit pour faire des Vers, ou avec le génie néceffaire pour être Peintre, Sculpteur, Méchanicien ou Géomètre : mais chacun a fon talent, qu'il lui importe de difcerner, pour s'appliquer aux chofes auxquelles il eft propre. Tel eût été excellent Maçon, qui devient mauvais Soldat. Le Bien-public fouffre de ces choix déplacés, qui ne font pas moins nuifibles à celui qui les fait. Il n'eft donc nullement raifonnable que le hazard ou la coutume en difpofe, en entraînant la Nature, comme dit Pafcal : cela caufe dans la Société un vrai defordre, dont il fe plaint à jufte titre.

ARTICLE XXII.

Les hommes ne penfent qu'à l'Avenir, d'où Pafcal tire une preuve de leur mifere. Le Préfent n'eft jamais notre but. Le Paffé & le Préfent font nos moyens, le feul Avenir eft notre objet. Il eft clair que nous ne poffédons pas le vrai Bien ;

que par conséquent nous ne sommes pas
heureux, puisque nous courons sans cesse
après un objet qui n'est pas, & qui ne
sera peut-être jamais ; & que le Présent,
qui seul est à nous, ne sauroit nous satis-
faire. C'est encore une preuve (*) que
nous manquons de sagesse, puisque toutes
nos démarches tendent vers un but incertain, & souvent imaginaire. Se nourrir,
se bercer d'espérance, n'avoir jamais que
l'attente d'un Bonheur que l'on ne possé-
déra point en effet, & qui fuit devant nous
à mesure que nous avançons pour le saisir,
est-ce une condition heureuse ? La vraie
Sagesse ne consiste-t-elle pas à en sortir,
en se bornant au Présent ?

Ç'a été la doctrine constante des Sages Païens, auxquels le véritable Avenir
que la Religion promet, étoit inconnu.

(†) *Non est, crede mihi, sapientis dicere,*
          vivam ;
    Sera nimis vita est craftina, vive hodiè.

Ils disoient que le vrai Sage ne compte
sur rien d'incertain. La Morale Stoïcien-

____

(*) *Stulti vita ingrata est, trepida est, tota in*
futurum fertur . . . . . *Quam tu nunc vitam dici*
existimas stultam ? . . . . . *nostra dicitur : quos*
cæca cupiditas in nocitura, certè nunquam satia-
tura præcipitat : quibus si quid satis esse posset,
fuisset. Senec. Ep. XV.

(†) *Martial.*

ne & celle d'Epicure s'accordent sur ce principe. Aux Maximes que Sénèque emprunte de ce Philosophe en les adoptant, dans l'endroit que je viens de citer, joignez ces avis d'un des plus fameux partisans de la Secte Epicurienne (*).

Dona præsentis rape lætus horæ.
Spatio brevi spem longam reseces.
Carpe diem quam minimum credula postero.

De dire que de telles Maximes puissent être suivies, c'est autre chose. L'impossibilité de les réduire en pratique, confirme ce que dit Pascal de la misere de notre condition, qui a besoin de chercher du soulagement dans l'Espérance. Un Philosophe moderne (†) se moque agréablement de cette espèce d'illusion. Il nous représente l'Avenir comme un Charlatan, qui nous escamote ce que nous avons entre les mains, c'est-à-dire, les biens présens.

Après tout, les Préceptes dont j'ai parlé, supposé même qu'on pût les suivre, à quoi réduisent-ils le Bonheur ? A l'espace d'un moment. Mais encore, ce moment de bonheur, les regrets, les réflexions, les prévoyances, les desirs, les craintes nous l'enlèvent : trop heureux, quand

(*) *Horace.*
(†) *Fontenelle*, Discours sur le *Bonheur.*

l'Espérance, qui, selon M. de V. lui-
même, n'est qu'un bonheur en peinture,
supplée à l'imperfection des biens actuels,
& chasse de notre esprit tout ce qui les
empoisonne.

Le meilleur est, que M. de V. confirme la pensée de Pascal en voulant la contredire. *Le trésor*, dit-il, *le plus précieux
de l'Homme, c'est cette Espérance qui nous
adoucit nos chagrins.* Il confesse donc que
l'Homme a des chagrins, apparemment
attachés à sa condition, & que l'Espérance est un remède qui les lui adoucit.
Il faut, ajoûte-t-il, *bien loin de se plaindre, remercier l'Auteur de la Nature, de
ce qu'il nous donne cet instinct qui nous emporte sans cesse vers l'Avenir.* Mais en nous
cet instinct est moins le préservatif des
maux, qu'il n'est l'effet des maux mêmes. Nous ne tendons vers l'Avenir, que
faute d'être contens du Présent; & nous
n'en sommes pas contens, en partie, parce que nous n'avons pas lieu de l'être, ce
qui marque le fond de misere où le Péché
nous assujettit; en partie, parce que nos
passions déréglées, insatiables, sont d'injustes appréciatrices des biens que nous
possédons. Et c'est ici que la Sagesse con-
tribue à notre bonheur, parce (*) qu'elle

(*) Ἀρκούμενοι τοῖς παρούσι, selon le précepte
de l'Apôtre. " Qui vit content de peu, pos-
" sède toutes choses. " *Finem constitue, quem*

G iv

borne nos defirs, qu'elle retarde cette
pente violente qui nous entraînoit vers
l'Avenir, & nous perfuade de nous repo-
fer dans le Préfent, fans trop craindre ni
trop efpérer des biens ou des maux dont
la venue eft incertaine. L'Efpérance eft
fouvent un remède pire que le mal. Si
d'un côté elle adoucit nos peines, fi elle
les foulage, & nous en diftrait; de l'autre,
elle nous agite, nous inquiète, & nous
prépare de nouvelles fources d'amertume,
dans le regret d'y avoir été déçû. Il en eft
de ces Efpérances fugitives, comme du
Tonneau des Danaïdes; elles s'écoulent de
notre Ame, à mefure qu'on les y verfe.
La pente vers l'Avenir eft fi peu effentielle au Bonheur, que dans l'état de Bonheur parfait, elle n'a plus lieu. Un homme vraiment heureux, n'efpère rien. Il
penfe bien à l'Avenir, en penfant à la
perpétuité de la félicité qu'il poffède. Car
on doit foigneufement diftinguer la faculté réfléxive qui s'étend dans l'Avenir, &
fe replie fur le Paffé, faculté effentielle à
toute Créature douée de Raifon; d'avec
la pente inquiète dont nous parlons. Le

tranfire ne poffis quidem, fi velis. Difcedent ali-
quando ifta infidiofa bona, & fperantibus meliora,
quam affecutis. Si quid in illis effet folidi, ali-
quando & implerent. Nunc haurientium fitim
concitant & invitant fpeciofi apparatus. Senec.
ubi fupra.

bonheur d'un tel homme confiste bien dans une jouïssance successive, comme son Etre; mais il consiste en même-tems dans une jouïssance inaltérable & perpétuelle. Il se dit, que ce Bien qu'il possède aujourd'hui, il le possédera demain, il le possédera toujours. Mais aussi, par cela même que ce Bonheur lui est assuré, il ne tend point vers l'Avenir par l'Espérance, ni ne s'y précipite par le Désir. (*) Il est satisfait, il est comblé. *Regnum æquabat opes animis.* Il ne faut donc point espérer, pour être heureux : au contraire, on espère, faute de l'être actuellement. On compte sur l'Avenir, ou par un injuste dégoût du Présent, ou parce que le Présent ne sauroit nous suffire. Dans ce dernier cas, il est bon de se tourner vers l'Avenir. Mais cette ressource suppose toujours la misere de l'Homme, & n'entre point dans l'idée du Bonheur le plus parfait dont sa Nature soit capable.

Dans l'état présent, l'Homme est obligé de mêler à la jouïssance actuelle, le souci du lendemain. L'attention au Présent, n'exclud jamais le soin & la prévoyance de l'Avenir, parce que la nécessité du travail lui est imposée. C'est à ce prix qu'il achète tout, & qu'il assûre sa

(*) *Non cogitamus quam jucundum sit nihil poscere, quam magnificum sit plenum esse, nec ex fortuna pendere.* Senec. ubi supra.

G v

fubfiftance & fon bien-être. Il eft donc très-vrai, que fi les hommes étoient affez mal avifés pour ne s'occuper que du Préfent, on ne fémeroit point, on ne bâtiroit point, on ne planteroit point, on ne pourvoiroit à rien, on manqueroit de tout au milieu de cette fauffe jouïffance. Mais d'une Vérité inconteftable comme celle-là, il n'étoit point permis d'en faire une application auffi fauffe que celle que fait M. de V. Car, outre que cette prévoyance néceffaire & raifonnable fuppofe des befoins, & par conféquent un certain degré de mifère; elle ne juftifie point l'inquiétude des hommes fur l'Avenir, leur dégoût du Préfent, ni ces Efpérances vaftes & chimériques qui font le fruit du dérèglement de leur cœur. Une telle paffion ne vient point de l'Auteur de la Nature; c'eft un égarement de notre corruption, dont nous ne devons point nous féliciter.

ARTICLES XXIII. XXVII. XXXVI. XXXVII.

Pafcal trouve que cet éloignement que les hommes ont du repos, & que cet ennui qui les porte à fe fuir eux-mêmes en cherchant au dehors le divertiffement & l'occupation, vient du reffentiment de leur mifère continuelle, qui eft telle, que

rien ne peut les confoler lorfque rien ne
les empêche d'y penfer & qu'ils ne voyent
qu'eux - mêmes : tandis qu'un autre inftinct qui leur refte de la grandeur de leur
prémière Nature, leur fait connoître que
le bonheur n'eft en effet que dans le repos. Cette idée, à laquelle notre fameux
Auteur donne un tour original, ne lui eft
pourtant pas particulière : ç'a été celle
de tous les Sages qui ont médité profondément fur la Nature de l'Homme, fur-
tout de ceux que guide dans cette étude
la lumière de la Religion. Mais les plus
belles idées paroiffent les plus ridicules,
quand on expofe leur objet dans un faux
jour, qu'on écarte le point de vûe dans
lequel un Auteur l'envifage, & que l'on
affecte d'attacher à fes expreffions un fens
différent du fien.

C'eft ici tout le fondement de la Critique de M. de V. *Ce mot*, ne voir que nous,
ue forme, dit-il, *aucun fens. Qu'eft-ce qu'un
homme qui n'agiroit point, & qui eft fuppofé fe contempler? Non feulement je dis que
cet homme feroit un imbécille, inutile à la
Société; mais je dis que cet homme ne peut
exifter. Car que cet homme contempleroit-
il? fon corps, fes pieds, fes mains, fes cinq
fens? Ou il feroit un idiot, ou-bien il feroit
ufage de tout cela. Refteroit-il à contempler
fa faculté de penfer? Mais il ne peut contempler cette faculté, qu'en l'exerçant &c.*

G vj

Le voilà donc néceſſairement occupé, où de
ſes ſens, ou de ſes idées : le voilà donc hors
de ſoi, ou imbécille.

En vérité, je crains fort que M. de V.
ne ſoit en effet de ces hommes qui ne de-
meurent jamais avec eux-mêmes, & que
le reſſentiment de leur propre miſere porte ſans ceſſe à chercher de l'occupation au
dehors. La pauvre chicane qu'il s'aviſe de
faire à Paſcal ! par *ne voir que ſoi*. Ce grand
Homme entend cet état ſolitaire, où,
ſans être diſtrait par les objets extérieurs,
notre attention retombe ſur nous, & ſur
tout ce qui nous regarde d'une manière
directe & intime ; ſur nos actions, ſur
nos diſpoſitions internes, ſur nos défauts,
ſur nos foibleſſes. Il eſt vrai qu'il n'y a
que l'Homme ſage qui faſſe volontaire-
ment de ſoi-même en ce ſens l'objet ré-
fléchi de ſon étude, d'où il recueille
les plus excellens fruits. Mais tout homme laiſſé à lui-même dans une ſolitude
qui le prive des objets capables d'attirer
l'Ame hors d'elle, eſt pourtant forcé de
ſe voir, & de ſentir confuſément ſa miſere. Ce ſentiment ſourd qu'il en a, eſt
ce qui lui cauſe l'ennui, c'eſt-à-dire une
ſituation pénible, deſagréable, inquiète,
dont il cherche à ſe délivrer au plutôt,
en ſe procurant des divertiſſemens ou des
occupations au dehors. Encore une fois,
pourquoi ſubtiliſer mal à propos ſur cette

expreſſion, *ne voir que nous* ? Pourquoi
refuſer de convenir que nous ſommes à
nous-mêmes un vaſte ſujet de contemplation, dont notre Amour-propre nous
éloigne de toutes ſes forces, tandis que
la vraie Sageſſe nous y ramène ?

> *Ne te quæſieris extra.*
> *De Cœlo deſcendit* γνῶθι σαυτόν*.*
> *Infelix ! qui notus nimis omnibus, igno-*
> *tus moritur ſibi.*
> *Ut nemo in ſeſe tentat deſcendere, nemo !*
> *Tecum habita, & noris quàm ſit tibi cur-*
> *ta ſupellex.*

Notre Poëte ſembleroit ne devoir pas
ignorer ces belles Maximes de ſes Confré-
res. Mais pour lui alléguer des autorités
plus graves, les Philoſophes de tous les
tems ont vanté l'étude de ſoi-même comme la plus importante de toutes, ou même comme la ſeule importante. C'eſt ce
qui leur fait dire, que le Sage eſt ami de
la retraite, & la cherche autant que le
commun des hommes la fuit. Il la cherche, parce qu'il s'y cherche lui-même,
& qu'il s'y peut voir tout à ſon aiſe (*).

(*) *Je ſonge à me connoître, & me cherche moi-*
même.
C'eſt-là l'unique étude où je veux m'attacher.
Que, l'Aſtrolabe en main, un autre aille cher-
cher &c. Deſpréaux, Epitre V.

Les hommes la fuient, parce qu'ils se
fuient eux-mêmes, & qu'ils n'aiment
point à se voir. Cette étrange répugnan-
ce qu'ils ont pour une étude si digne
d'eux, paroît jusques dans le choix des
Sciences auxquelles ils s'appliquent; &
l'Auteur des *Dialogues des morts* observe
admirablement bien, que " parce que la
" Philosophie les incommoderoit, si elle
" se mêloit de leurs affaires, & si elle de-
" meuroit auprès d'eux à régler leurs
" passions, ils l'ont envoyée dans le Ciel
" arranger les Planètes, & en mesurer
" les mouvemens; & qu'enfin ils l'oc-
" cupent toujours le plus loin d'eux qu'il
" leur est possible. L'Astronome, ajoû-
" te-t-il, pense aux Astres, le Physi-
" cien pense à la Nature, & le Philoso-
" phe pense à soi ". M. de V. traitera
sans doute cette réfléxion d'insensée. *A
quoi voulez-vous*, dira-t-il, *que j'occupe
ma Raison? A contempler mes pieds, mes
mains, ma faculté de penser? Je ne puis la
contempler qu'en l'exerçant. Ou-bien je ne
penserai à rien, ou-bien aux idées qui me
sont déja venues, ou j'en composerai de nouvelles; car je ne puis avoir d'idées que du
dehors.* Que de Métaphysique perdue!
& pourquoi faut-il qu'on ait lû *Locke*; si
l'on en fait un pareil usage! Renvoyons
notre Poëte au prémier Examen de conscience qu'il fera, si jamais l'envie lui en

prend. Alors il faura, que fans être idiot
ou ftupide, on peut fe contempler foi-
même, & que l'on trouve là de l'occupation de refte.

C'eft avec tout auffi peu d'équité, que
par ce repos, où, felon Pafcal, confifte
le Bonheur, M. de V. entend cet engour-
diffement imaginaire, & cette entière
inaction pour laquelle la Nature humaine ne fut jamais faite, & qui lui eft fi
contraire. C'eft-là fe battre contre fon
ombre. L'étude de foi-même, emploi
férieux s'il en fut jamais, eft incompa-
tible avec un tel repos. *N'être point occupé*, dit-il, *& n'exifter pas, eft la même chofe pour l'Homme.* Malheureufement
il ne s'eft pas fouvenu, qu'ailleurs (*) il
tourne en ridicule l'opinion, que l'Ame
penfe toujours, opinion qu'il réhabilite
par ce qu'il vient de dire. Car l'Homme
ne pouvant être occupé fans penfer, il en
réfulte, que ne point penfer & n'exifter
pas, eft la même chofe pour lui.

*Toute la différence confifte dans les occu-
pations douces ou tumultueufes, dangereufes
ou utiles.* C'eft bien dit : auffi Pafcal n'en
veut-il qu'aux occupations dangereufes
& tumultueufes. Ce font elles qui font
contraires au vrai repos que l'Homme

(*) Voyez *Lettres Philofophiques*, Lettre
XIII. page 60.

fuit, & dans lequel pourtant un inftinct
qu'il conferve de fa grandeur primitive,
lui fait connoître que fa félicité confifte.
Ouï, c'eft l'agitation que nous donnent
les grandes affaires, les paffions vives, les
plaifirs bruyans, qui nous dérobe la vûe
de nous-mêmes. Le vrai repos convenable à l'Homme, & qui lui permet de fe
voir, compatit avec les occupations douces & utiles, avec celles qui font la matière de nos devoirs envers le prochain
& envers nous-mêmes, avec celles qu'infpire l'amour du Bien-public, avec celles qui ont pour objet le bonheur de la
Société, & le nôtre propre. Il n'exclud
que celles qui tourmentent les autres &
nous ; celles que nous taillent l'Ambition, la Vanité, l'Avarice, & qui fouvent redoublent cette même mifere dont
par leur fecours nous tâchions d'étouffer
le fentiment. Ce n'eft donc point à la feule
contemplation, que le repos dont parle
Pafcal réduit l'Homme, qui eft né pour
agir au-dehors, auffi-bien que pour penfer, & qui n'a point reçû plus inutilement
de fon Créateur les facultés actives, que
les intelligentes.

N'eft-il pas plaifant, conclud M. de V.,
*que des têtes penfantes puiffent imaginer que
la pareffe eft un titre de grandeur, & l'action un rabaiffement de notre Nature ?* Mais
n'eft-il pas plus plaifant mille fois, que

M. de V. ait pû imaginer que c'est-là la
penſée de Paſcal & lui objeĉter gravement
une Vérité qu'il ne nia jamais, & que nul
homme ſenſé ne ſauroit révoquer en doute? Il eſt ſûr que pour ſe former une juſte
idée du parfait Bonheur, il faut joindre
enſemble l'aĉtivité & le repos. La vie des
Bienheureux dans le Ciel réunira ces deux
choſes. Aĉtivité, par l'exercice le plus
parfait de toutes leurs facultés; Repos,
qui conſiſtera dans l'exemption du trouble, de la douleur, de l'inquiétude, dans
la juſte harmonie des facultés, dans le
parfait accord de tous les mouvemens de
l'Ame.

Ici-bas l'Homme eſt miſérable, parce
que ces deux choſes y ſont ſéparées, &
qu'il n'y trouve jamais que l'un des deux
à la fois. Son repos y étant dénué d'activité, eſt un engourdiſſement qui l'ap-
peſantit, c'eſt une langueur qui l'acca-
ble, c'eſt un vuide qui lui découvre ſes
miſeres; & ſon aĉtivité y excluant le
repos, devient pour lui un tourment
perpétuel. Cependant il ſe ſent naturellement ſi miſérable, qu'il préfère encore l'agitation au repos, & le trouble des
paſſions au mortel ennui de l'oiſiveté.
C'eſt à cette inquiétude que Paſcal attribue l'ambition des Conquérans. Sa réfléxion ſur le mot de *Cinéas* à *Pyrrhus*,
qu'*ils ſe trompoient l'un & l'autre, en ſup*-

pofant que l'*Homme fe peut contenter de foi-même*, *& de fes biens préfens*, *fans remplir le vuide de fon cœur d'efpérances imaginaires*, eft jufte, & admirablement bien placée. Il en conclud que Pyrrhus ne pouvoit être heureux, ni devant ni après avoir conquis le Monde. Cette conclufion n'a pas le bonheur de plaire à notre Critique, qui, par je ne fai quelle fingularité de goût, la trouve plus digne d'un Poëte que d'un Philofophe. *L'exemple de Cinéas eft-bon*, dit-il, *dans les Satires de Defpréaux*. Obfervez, s'il vous plaît, que la Pièce où l'on cite cet exemple, eft pleine d'une excellente Morale. C'eft, à la vérité, une Epitre en vers ; mais le titre n'y fait rien : car fi l'on connoit en profe des *Lettres Philofophiques* qui reffentent fort le Poëte, il y a en récompenfe des Poëfies où l'on trouve le vrai Philofophe. *Defpréaux* l'étoit, & on peut l'être, quoiqu'on ne foit ni Phyficien ni Géomêtre. *Plutarque*, qui nous a confervé ce mot de *Cinéas* (*), étant grand Philofophe lui-même, le rapporte dans une femblable vûë.

Un Roi fage peut être heureux chez lui. Cela eft vrai d'un Roi qu'on fuppofe tel. Mais il s'agit de la condition générale des hommes, qui, depuis le Péché, man-

_____

(*) Dans la Vie de *Pyrrhus*.

quent de la vraie Sageffe. Les hommes, à moins que la Religion ne les redreffe & ne les refonde, font infenfés & malheureux à la fois. Ils foupirent après le repos qu'ils fuient fans ceffe : ils tournent le dos au bonheur qu'ils cherchent. S'ils ne fe livrent pas au torrent de l'Ambition, ils fe plongeront dans celui des Voluptés. Toute leur vie fe paffe à cela. Vie molle & oifive, ou - bien vie pénible & tumultueufe; mais toujours vie diffipée pour fuir l'ennui, & par conféquent fouvérainement éloignée du vrai repos qui fait le bonheur folide. *Pyrrhus* repréfente les Ambitieux ; un autre repréfentera les Avares ; un troifième fournira l'exemple des Voluptueux. Ces exemples concluent pour l'Homme en général, que fans la vraie Sageffe que donne la Religion, il ne peut manquer de devenir le jouet des paffions les plus infenfées.

Pafcal : *L'Homme eft fi malheureux, qu'il s'ennuieroit même fans aucune caufe étrangere d'ennui, par le propre état de fa condition.* Voltaire : *Au contraire, l'Homme eft fi heureux en ce point, & nous avons tant d'obligation à l'Auteur de la Nature, qu'il a attaché l'ennui à l'inaction, afin de nous forcer par-là à être utiles au prochain & à nous-mêmes.* Lorfqu'on attaque un Auteur de la force de Pafcal, il eft difficile de trouver des pensées raisonnables qu'on puisse mettre dans une vraie opposition avec les siennes. Jusqu'à présent, notre Critique y a fait inutilement ses efforts ; voyons s'il réussira mieux ici. *L'ennui*, dit M. de V., *est un sentiment qui nous pousse au travail, pour nous rendre utiles au prochain & à nous-mêmes ; il nous est donc avantageux que le Créateur l'ait attaché à l'inaction*. *L'ennui*, dit Paschal, *est la preuve & l'effet naturel de la misere de l'Homme, puisque sans aucune cause étrangère, il s'ennuie dès qu'on le laisse à lui-même*. Rapprochez ces deux pensées, & dites-moi en quoi l'une contredit l'autre. L'ennui nous pousse vers un travail juste & nécessaire ; cela empêche-t-il que l'ennui ne résulte dans l'Homme du sentiment confus qu'il a de sa misere naturelle, lorsqu'aucun autre objet ne l'occupe ? Représentons-nous Adam dans l'état d'Innocence, jouissant par conséquent de l'espèce de bonheur le plus convenable à la Nature humaine sur la Terre. Ce bonheur étoit un état de repos & d'activité tout ensemble. Adam avoit des facultés pour spéculer & pour agir, qu'il exerçoit tour à tour. Chez lui le plaisir étoit attaché au travail : il l'étoit aussi à l'interruption du travail, au repos proprement dit ; repos nécessaire au corps humain & à la vie animale. Il

l'étoit de même au changement d'occupations. Mais l'ennui n'avoit nul accès
dans le Paradis terrestre , paisible séjour
du bonheur & de l'innocence. Adam se
portoit au travail par goût & par choix,
non par inquiétude , & pour fuir quelque tourment. Depuis le Péché, les choses ont changé de face : l'Homme est devenu misérable, & son ennui nait de sa
misere. Cependant, de ce mal fâcheux,
l'Auteur de notre Nature en tire un bien :
ce sentiment inquiet devient un puissant
ressort pour nous animer au travail, & par
le travail à la pratique de tous nos devoirs.

La dissipation est un remède à l'ennui,
quoiqu'elle soit bien éloignée d'en tarir
la source. Sur-tout c'est un remède à
la douleur. Ce qu'on nomme *Divertissement*, use nos chagrins comme une espèce
de lime sourde, en affoiblissent l'impres-
sion, du moins la suspendent, & nous composent une félicité artificielle & passagère,
qui vaut toujours mieux que rien. Mais
revenons-en là , que ce remède prouve
de plus en plus que l'Homme est misérable ; comme le régime prescrit à un Malade prouve sa mauvaise santé ; comme
l'usage du Quinquina prouve qu'on a la
fièvre. L'Ordre primitif de la Nature
humaine ne suppose point une telle misere , non plus que la constitution naturelle de notre Corps ne suppose point la

fièvre. Donc le besoin que nous avons
de dissipation, marque un Desordre de
notre Nature, donc nous ne devons point
nous prendre à cette Nature, ni à celui
qui l'a créée droite & heureuse, mais à la
seule corruption du Péché.

Pascal a donc grande raison de conclûre de ces principes, que ce n'est point
être heureux que de pouvoir être réjoüi
par le divertissement, qui vient du dehors, & qui est sujet à être troublé par
mille accidens qui sont les afflictions iné-
vitables.   C'est ce que les Sages du Paga-
nisme ont bien compris, puisqu'ils s'accordent tous à mettre le vrai bonheur dans
la plus grande indépendance qu'il est possible des choses extérieures.   Leur illusion ne consistoit qu'à se persuader faussement, que le Sage pût atteindre à une
parfaite indépendance à cet égard : au-
lieu que la vraie Sagesse de l'état présent,
est de reconnoître l'étenduë de nos maux,
& d'y appliquer les secours que la Religion fournit.

J'accorde à M. de V. que le plaisir rend
heureux pour le tems qu'on en jouït ;
pourvû qu'il m'avoüe aussi, que le solide bonheur ne consiste que dans les plai-
sirs durables, dans ceux qui sont conformes à notre Nature, conformes à la
Raison, & qui par cela même ne sauroient devenir des sources de peines ou

de remords. Mais quand il ajoûte, que *le plaisir ne peut venir que du dehors, parce, dit-il, que nous ne pouvons avoir de sensations ni d'idées que par les Objets extérieurs, comme nous ne pouvons nourrir notre Corps qu'en y faisant entrer des substances étrangères qui se changent en la nôtre,* c'est où je l'arrête. Car il avance-là une chose fausse, & l'appuie d'une très-fausse raison. Nos sensations nous viennent du dehors, il est vrai, par les objets extérieurs qui les excitent en nous. Ces sensations, incommodes ou agréables, influent plus ou moins sur notre bonheur, les unes parce qu'elles le troublent, les autres parce qu'elles l'augmentent. Mais l'essence-même du bonheur consiste en autre chose que dans les sensations agréables. Il peut donc comme je l'ai dit, être troublé ou augmenté jusques à certain point par les objets du dehors; mais ces objets ne le détruisent pas, & à plus forte raison ils ne sauroient le produire. Aïant un autre principe que les Sens, le vrai bonheur subsiste indépendamment des biens sensibles. Pour nos Idées, quand elles nous viendroient toutes des Sens, ce qui est faux, puisque nos Sens n'en sont que l'occasion; il y a toujours le pouvoir *réfléxif*, pouvoir qui nous est inné, par le secours duquel, dans le Système même de *Locke* dont M. de V.

abufe ici, la plupart de nos Idées fe forment. Ce pouvoir de réfléchir, qui nous
rappelle, quand nous voulons, les Idées
déja formées, qui les combine, qui les
étend, qui nous y rend attentifs toutes
les fois qu'il nous plaît, & qui fait fe
fervir des Idées déja acquifes, pour en
former de nouvelles, voilà une fource
interne de félicité, très à l'abri de l'influence des objets. C'eft donc faire un
paralogifme, que de raifonner ainfi:
« Le bonheur d'un Etre intelligent fup-
« pofe qu'il ait des Idées; nos Idées
« nous viennent du dehors par le canal
« des Sens; donc notre bonheur vient
« du dehors, & dépend des objets ex-
« térieurs. » Il fuffit que notre Ame foit
une fois pourvûe des Idées dont elle a
befoin pour éclairer fa Raifon; dès-lors
elle puifera chez foi de folides plaifirs,
& les connoiffances dont elle eft enri-
chie lui en fourniront fans ceffe de nouveaux.

La comparaifon des Objets avec l'Aliment corporel, eft belle & jufte, moyen-
nant qu'on la renferme dans certaines limites. Mais le malheur de ceux qui ont plus
de vivacité dans l'efprit, que de force &
de juftefse, c'eft que faififfant du prémier
coup d'œil les rapports des deux chofes
comparées, & trop vivement frappé de
ces rapports, ils ne le font pas affez des
différences.

différences. Les objets extérieurs servent à l'Ame d'aliment ; mais elle n'a
point befoin, comme le Corps, de tirer
fans ceffe du dehors une nouvelle nour-
riture. Les Idées une fois gravées dans
l'Ame, s'y renouvellent par le fecours
de la réfléxion, leur impreffion s'y di-
verfifie en mille manières différentes.
L'Ame, fans fe voir réduite à fortir d'elle-même, fe procure tous les jours, par la
méditation, de nouveaux alimens ; &
quoique la lecture, la converfation, la
vûë des objets extérieurs fourniffe auffi
matière d'exercice à l'Efprit d'un homme fage ; abfolument parlant, il pourroit fe paffer de ce fecours. *Sapiens fuas*
in fe femper divitias habet. Ipfe fuis pollet
opibus.

J'avoüe que l'affujettiffement naturel
de l'Ame au Corps, & plus encore la
foibleffe que nous avons contractée par
le Péché, nous rend néceffaire à un
certain point le fecours des impreffions
extérieures & fenfibles. Ces impreffions
réveillent l'Ame de l'efpèce de léthargie
où fans cela elle court rifque de tomber,
elles la recréent & la renouvellent ; ce
font des fecouffes utiles, qui, par la joie
qu'elles y répandent, l'animent d'une
nouvelle vigueur. Tout cela eft vrai de
l'Homme confidéré en qualité d'Animal
terreftre, quoiqu'il foit en même-tems

H

un Etre fpirituel ; fur-tout, cela convient
à l'Homme, entant que déchu par le Péché de fa perfection primitive. La Reli-
gion-même ne lui ôte pas ces befoins ;
elle ne détruit pas cette dépendance,
quoiqu'elle l'affoibliffe. Le meilleur Chrétien du monde, un Philofophe Chrétien,
un Pafcal, ne peut fe paffer entièrement
d'amufemens fenfibles qui le délaffent.
Mais de quoi s'agiffoit-il ? de quels divertiffemens Pafcal a-t-il avancé, qu'on
n'eft point heureux quand on leur doit
la joie que l'on a ? Il parle de ceux aufquels le monde donne ce nom. Il parle
des grandes diffipations, des plaifirs d'é-
clat qui ébranlent l'Ame, de ceux dont
les mondains ne peuvent fe paffer, &
dont la privation les plonge dans l'ennui.
C'eft de ces divertiffemens, dont on
peut dire qu'ils font fujets à être trou-
blés par mille accidens, & qu'ils rendent
l'Ame efclave des chofes du dehors. Cela ne fe dira point de ces plaifirs fimples
dont un Solitaire s'amufe dans fa retraite, ni des jeux d'enfant aufquels un
Philofophe pourra quelquefois fe délaf-
fer. Quoiqu'à le prendre à la rigueur,
tout plaifir fenfible foit indépendant de
nous, & fujet à nous être ôté ; cependant c'eft principalement des plaifirs
mondains, qu'il eft vrai de dire par op-
pofition aux plaifirs fimples, qu'ils font

soumis à l'inconstance de la Fortune, &
que ceux qui y placent leur félicité, vi-
vent dans la dépendance d'autrui. Un
homme à qui il faut des spectacles, des
affaires, des intrigues de Cour pour se
préserver de l'ennui, est avec raison re-
gardé comme un Esclave, par opposition à celui qui n'a besoin que de ses
bois, de ses champs, du Spectacle de la
Nature, pour le réjouïr & pour l'occuper. Ce dernier mérite l'éloge d'Homme
libre, indépendant, qui trouve son bonheur en soi-même. L'Homme frugal,
qui, simple dans ses mœurs, se borne
aux besoins de la Nature, est digne de
cet éloge, si vous le comparez à celui
auquel il faut des ragoûts & des frian-
dises, & qui a été élevé dans le faste &
dans la molesse. Le bonheur du prémier
de ces deux hommes est infiniment moins
précaire, & moins avanturé, que celui
de l'autre. C'est ce que nous dit le bon
sens. M. de V. n'eût eu qu'à l'écouter.
Mais les gens imaginatifs, particulièrement lorsque l'envie de critiquer s'en
mêle, outrent tout, confondent tout,
déguisent tout, subtilisent faussement sur
tout. Entendez chez Pascal, par *repos*,
l'inaction entière de toutes nos facultés:
par *vûë de soi-même*, l'absence de toute
autre idée que celle de notre propre Individu : par *indépendance des objets*, celle

H ij

d'un Efprit pur, dégagé de la Matière : par *privation des divertiffemens*, celle
de toute impreffion fenfible, quelle que
ce puiffe être ; attachez, dis - je, de
tels fens à ces diverfes expreffions, vous
jetterez un grand ridicule fur la penfée
de Pafcal. Mais que l'on vienne à les
interpréter avec équité, ce ridicule que
vous y répandiez s'évanouït comme une
couleur étrangère, ou plutôt il fe réfléchit tout entier & retombe à plomb fur
votre critique.

*Si notre condition étoit véritablement heu-
reufe*, c'eft Pafcal qui parle, *il ne faudroit pas nous divertir d'y penfer*. " Il eft
" faux, répond M. de V., qu'on puiffe
" divertir un homme de penfer à la con-
" dition humaine : car à quelque chofe
" qu'il applique fon efprit, il l'applique
" à quelque chofe de lié nécefïairement
" à la condition humaine ". Toujours
même fophifme & même équivoque. Il
s'agit chez Pafcal, de l'Homme confidéré dans l'affemblage de tout ce qui le
conftitue effentiellement ; comme font
fes facultés naturelles, fes défauts, fes
paffions, fes befoins, fes miferes : de
l'Homme pris en lui-même, abftraction
faite des qualités étrangères qui ne font
que fon enveloppe, fon habit, ou fi vous
voulez, fon mafque. Il s'agit de l'Homme féparé du Riche, du Savant, du

Prince, du Conquérant, du Héros. Et il
n'eſt que trop vrai que c'eſt ce maſque,
cet habit qui nous occupe, & qui détourne notre penſée de deſſus le fond
même de la condition humaine qui eſt
commune à tous. Preuve que cette condition n'eſt pas heureuſe, c'eſt que chacun en détourne ſes regards, pour mettre ſon bonheur dans un Etre d'emprunt
qu'il prend pour ſoi, dans lequel il ſe
contemple avec ſatisfaction, & où il pui-
ſe tout ſon orgueil. Que quelque acci-
dent vienne à nous ſéparer de tout ce
qui n'eſt point nous, pour nous réduire
préciſément au Moi eſſentiel, nous voilà
malheureux. Alors, comme dit très-bien
un fameux Poëte de ce Siècle,

Le maſque tombe, l'Homme reſte,
Et le Héros s'évanouit.

Non ſeulement il s'évanouit aux yeux
du Public, mais, qui pis eſt, aux nô-
tres propres. Je dis, qui pis eſt, parce
qu'alors nous ſommes réduits à ne voir
en nous que nous-mêmes; & voilà ce qui
nous déſole.

M. de V., qui trouve bon de critiquer la réfléxion de Paſcal, n'a pas ſon-
gé qu'il la confirmoit lui-même, par ce
qu'il ajoûte du ſoin que l'on a d'entre-
tenir chacun, des agrémens de ſa condi-

tion. *On parle à un Savant, de Réputation & de Science; à un Prince, de ce qui a rapport à sa Grandeur.* Ajoûtons, si vous voulez, qu'à un Poëte applaudi, on lui parle de la beauté de ses Vers, & du succès de ses Tragédies. On s'empresse d'offrir à chacun l'image embellie de ce Moi emprunté, de ce Moi phantastique que son Amour propre idolâtre, & qui lui cache le vrai Moi, dont la vûë ne seroit propre qu'à l'humilier. Ces empressemens flatteurs sont autant d'artifices, dont on se sert pour le *divertir* de penser à sa véritable condition. Telle est l'idée de Pascal, & celle de tous les Sages. Falloit-il qu'un Homme d'esprit, comme M. de V., eût besoin de Commentaire pour entendre une chose si facile ?

ARTICLE XXVIII.

Qu'on s'imagine un nombre d'Hommes dans les chaînes, & tous condamnés à la mort &c. C'est l'image de la condition des Hommes. Notre Poëte n'y pense pas assurément, quand il accuse cette image de manquer de justesse, car on n'en sauroit tracer de plus naïve & de plus juste. Il n'importe que l'Homme ne sente pas sa misere, comme ces pauvres Captifs sentent la leur, ni que celle de ceux-ci les diftingue du plus grand nombre de leurs femblables, tandis que celle-là eft commune à tous. Pour fonder la comparaifon, il fuffit de ces deux Vérités indubitables; l'une évidente par elle-même, favoir, que la mort eft un mal; l'autre certaine par la Révélation, que ce mal eft la peine du Péché. Tous les Defcendans d'Adam font condamnés à mourir par un Arrêt qui leur fut prononcé dans la perfonne de leur prémier Père, immédiatement après fa Chûte. Dire, que *tous les hommes font faits, comme les Animaux, les Plantes, pour croître, pour vivre un certain tems, pour produire leur femblable, & pour mourir*, c'eft un langage impie, qui heurte de front la Révélation; c'eft même un langage peu philofophique, puifque, contre toutes nos lumières naturelles, il met l'Homme de niveau avec la Bête, & ne lui reconnoit point d'autre deftination ni d'autre fort. *Ils font faits pour vivre un certain tems*; cela veut dire, qu'ils font également bornés à la vie préfente, & que *la mort de l'un reffemble à celle de l'autre*, ainfi que les Profanes s'en expriment au Livre de l'*Eccléfiafte* (*).

" On peut, dans une Satire, mon-
" trer l'Homme tant qu'on voudra du

(*) Chapitre III. Verfet 19.

H iv

" mauvais côté ; mais pour peu qu'on
" se serve de sa Raison, on avoüera que
" de tous les Animaux, l'Homme est le
" plus parfait, le plus heureux, & ce-
" lui qui vit le plus long-tems. " Quant
à ce dernier privilège, les Cerfs, les
Corbeaux, les Corneilles, les revendi-
queront à coup sûr ; & pour ce qui est
de la réfléxion générale, elle marque un
plus profond aveuglement que celui des
Païens mêmes, qui, sans penser à faire
la satire de l'Homme, ont assez bien dépeint ses mauvais côtés, quoiqu'ils en
aïent aussi reconnu les bons endroits.
Mais ce qui est bien pis encore, cette
réfléxion va droit à traiter la Sainte Ecriture de *Satire qui montre l'Homme du mauvais côté.* Elle contredit directement ce
que cette Ecriture nous enseigne sur les
miseres du Péché, sur le funeste changement qu'il a produit en nous, sur l'heureux état d'où il nous a fait décheoir ;
toutes choses à quoi nos Libertins ne
veulent point entendre. Comme ils traitent de chimère cette bienheureuse Immortalité vers laquelle la Religion s'offre de nous conduire ; par une conséquence nécessaire de leur Système, l'abysme
d'une Eternité malheureuse où le Péché
précipite, leur paroît le songe noir d'un
Esprit mélancolique, & la rêverie creu-
se de quelques Cerveaux brûlés. Selon

ces Meſſieurs, tout va bien chez l'Homme, comme dans le reſte de la Nature. Ils imaginent je ne ſai quel Ordre métaphyſique, qui faiſant diſparoître l'Ordre morale, efface juſqu'à l'idée de Crime & de Punition, comme il anéantit celle de Vertu & de Récompenſe. Leur principe favori, c'eſt le *Tant mieux* de (*) Mr. *Leibnitz*, qu'ils appliquent généralement à tout. Ne leur faites point de triſtes peintures de la condition humaine, vous les mettriez de mauvaiſe humeur. En vain leur repréſenteriez-vous, qu'une Créature auſſi excellente que l'Homme, n'admet rien de médiocre dans ſes maux, non plus que dans ſes biens. Cette excellence leur eſt à charge ; ils ſe borneront volontiers au rang, comme au ſort, du reſte des Animaux ; contens de *croître*, de *vivre un certain tems*, de *produire leur ſemblable* & puis de *mourir* comme eux. Ils abandonneront de grand cœur toutes les joies du Paradis a qui les voudra, pourvû qu'il n'y ait point d'Enfer à craindre pour des gens de leur eſpèce, qui ne ſont pas *ce qu'ils devroient être*, & qui pourtant ſont bien réſolus à ne changer ni d'inclinations ni de conduite. Mais

(*) Le P. *Caſtel*, dans l'Extrait de la *Théodicée*, développe parfaitement bien le venin de ce *Tant mieux*. Voyez les *Mémoires de Tré-vous*.

H v

il s'en faut beaucoup que leurs idées ne foient la règle des chofes , ni qu'elles doivent être celles de nos jugemens. Tout nous annonce que nous fommes faits pour l'Immortalité ; & il y auroit une affreufe baffeffe d'ame à redouter une pareille deftination. Il eft certain qu'un homme qui ignore ce que l'Ecriture nous apprend fur l'origine de nos maux , a quelque lieu de s'étonner & de fe plaindre de la briéveté de la vie humaine : ce qui ne l'empêchera pourtant pas de reffentir avec gratitude les biens fans nombre que répand fur nous la libéralité du Créateur. Mais enfin , ce mélange de maux & de biens qui partage une vie fi courte , & cela dans une Créature douée des plus nobles facultés , eft pour lui une énigme impénétrable , jufqu'à ce que les lumières de la vraie Religion viennent la réfoudre , en lui expliquant les fources de la grandeur de l'Homme & de fa mifere.

A ne raifonner qu'en Philofophe, continue M. de V., *j'ofe dire qu'il y a de l'orgueil & de la témérité à prétendre que par notre Nature nous devons être mieux que nous ne fommes.* A l'ouïe d'un tel difcours, je me tais , & me contente d'admirer la prudence & l'humilité du Philofophe *Voltaire* , qui réduit l'Homme au fort des Plantes & des Animaux ; tandis que le

Chrétien a l'orgueil d'attribuer à notre
Nature une fin beaucoup plus noble, &
qu'il eſt aſſez téméraire pour s'en fier
ſur ce ſujet à ce que la Parole de Dieu
lui dit. Une choſe pourtant m'embar-
raſſe : ce ſont ces mots, *à ne raiſonner
qu'en Philoſophe* ; car je ne ſai pas trop
quel ſens leur donner. Ils inſinuent, ce
me ſemble, qu'il y a deux manières différentes d'enviſager ce ſujet, entre leſ-
quelles il eſt permis de choiſir ; celle du
Chrétien, & celle du Philoſophe. Mais
ſi cela eſt, je demande à M. de V. pourquoi il accuſe de témérité & d'orgueil celui qui préférant l'une de ces méthodes à
l'autre, raiſonne, non en Philoſophe,
mais en Chrétien. Je voudrois bien ſavoir, ſi ce dernier n'auroit pas droit de
lui répondre ſur le même ton, qu'il y a
bien de l'impiété, à ſoutenir que l'Homme ſoit aujourd'hui tout ce qu'il devroit
être, & que ſa condition ne ſauroit être
meilleure qu'elle l'eſt. Quand on dit que
certaines Propoſitions peuvent être avan-
cées, à raiſonner en Philoſophe ; cela
ſignifie, qu'alors on tire ſes raiſonnemens & ſes conjectures des ſeuls principes que notre Raiſon nous fournit, quoiqu'on ſoit prêt à ſacrifier ces conjectures
& ces raiſonnemens à ce que nous enſeig-
ne une Lumière ſupérieure : en telle
ſorte que ſi cette Lumière décide contre

eux , on les rejettera comme faux ; si elle ne décide rien , on les soutiendra simplement comme probables. On n'est donc point autorisé, en raisonnant ainsi , à taxer de témérité & d'orgueil les conclusions opposées. Il y auroit sur tout de l'extravagance à les qualifier de la sorte , lorsqu'elles ont réellement l'appui de cette Lumière supérieure à toutes celles de notre Esprit. Car ce seroit défendre une fausseté , en traitant d'orgueilleux & de téméraires les partisans de la Vérité qui la condamno.

A ne raisonner qu'en Philosophe , j'ose dire &c. Que signifie chez vous , *raisonner en Philosophe* ? Entendez-vous par-là , raisonner juste , bâtir sur des principes certains ? C'est ce que suppose l'accusation d'orgueil & de témérité , que vous intentez aux adversaires de votre thèse. Mais alors vous levez l'étendart contre cette même Religion , dont vous reconnoissiez la vérité ci-dessus ; vous démentez ouvertement cette Ecriture dont l'autorité, selon vous-même est tellement inébranlable, qu'elle n'a pas besoin de l'appui que Pascal avec ses idées Philosophiques prétend lui donner. Que si par *ne raisonner qu'en Philosophe*, vous entendez , raisonner à l'avanture, ou tirer des principes incertains , des conclusions également incertaines, ce sera votre propre décision , favoir, que l'*Homme eſt ce qu'il doit être*, qui ſe trouvera convaincue de témérité & d'orgueil.

ARTICLE XXIX.

Paſcal : *Les Sages parmi les Païens, qui ont dit qu'il y a un Dieu, ont été perſécutés, les Juifs haïs, les Chrétiens encore plus.* Devineroit-on là-deſſus la Remarque de M. de V.? Il ſe joint aux Païens, pour maltraiter comme eux les Chrétiens, les Juifs, les Philoſophes, & ſoutient qu'ils n'ont tous eû que ce qu'ils ont bien mérité. *Socrate* étoit un étourdi, un mal-aviſé (*), qui s'éleva contre le Culte extérieur de ſon Pays, & qui ſe fit des ennemis puiſſans fort mal-à-propos. Les *Juifs* étoient un vil Peuple, ſuperſtitieux, ignorant, privé des Arts, privé du Commerce, qui maſſacroit ſans pitié ſes Ennemis vaincus, & qui mépriſoit les Peuples les plus policés. Les *Chrétiens* ne tendoient qu'à abbattre la Religion & l'Empire. Tous très-dignes par conſéquent des cruelles perſécutions qu'ils eſſuyérent. Une ſi judicieuſe déciſion caractériſe aſſez ſon Auteur. Je n'y ajoûterai rien, que

(*) Si cette conduite de *Socrate* étoit un crime digne de mort, ſelon M. *de V.*, je le prie de prononcer lui-même ſur celle de nos Eſprits-forts.

d'obferver en paffant, qu'un homme qui, comme lui, eft Poëte & Hiftorien tout enfemble, auroit pû mettre plus de vérité dans fes peintures, & faire en particulier de la Nation Juïve un portrait plus reffemblant. On ne fait ce que c'eft que cette coutûme de maffacrer les Vaincus, qu'il lui attribue. Car pour les différens maffacres des Cananéens, ils fe firent par un ordre exprès de Dieu, ordre qui regardoit cette feule Nation, & que fes crimes *parvenus à leur comble* (*) juftifioient fuffifamment.

Un Peuple vil, ignorant, privé des Arts, privé du Commerce. Ces traits ne conviennent ni aux Juifs du tems de *Salomon*, ni à ceux du Siècle d'*Hérode*, ni même à ceux qui vivoient du tems de *Philon* & de *Jofeph*. Il y a lieu d'être furpris auffi, qu'une Nation dans le fein de laquelle nâquirent & vécurent tous les Écrivains de l'Ancien Teftament, fût fi barbare & fi ignorante. Il eft plus furprenant encore, que ces mêmes Juifs, haïs & perfécutés des Païens, à caufe de leur extrème éloignement pour l'Idolâtrie, foient traités de fuperftitieux lorfqu'il s'agit de rendre raifon de cette haine. Et pour ne dire qu'un mot des Chrétiens, il faut apparemment que M. de V. ait recou-

_____

(*) *Genèfe*, XV. 16.

vré de nouveaux Mémoires de l'Hiſtoire
des prémiers Siècles de l'Egliſe, puiſqu'il
attribue les dix fameuſes Perſécutions
qu'elle eſſuya, à un complot que les
Chrétiens euſſent formé d'abbattre la Religion & l'Empire.

ARTICLE XXX.

A la cenſure que Paſcal fait de *Mon-*
tagne, M. de V. répond que Montagne
parle en Philoſophe, & non en Chrétien. J'ai déja relevé le faux de cette
antithèſe, qui n'eſt qu'un jargon tout à
fait indigne & d'un Chrétien, & d'un Philoſophe. Non, ces différentes qualités
ne ſauroient rendre vrai dans la bouche
de l'un, ce qui eſt faux dans celle de
l'autre. La Raiſon n'eſt jamais contraire à la Foi, ni nos Démonſtrations à nos
Myſtères. Soyez ſûr que quiconque parle ainſi, ſe moque des Myſtères & de
la Foi. Montagne étoit né Chrétien, il
a vécu dans la profeſſion du Chriſtianiſme; il a donc dû parler en Chrétien;
du moins n'a-t-il jamais dû parler d'une
façon qui choquât les dogmes de la Foi.
Je prie qu'on me diſe ſi, quand il parle
en Philoſophe pour juſtifier ce que la
Religion condamne, il veut, ou non,
perſuader ſes Lecteurs? S'il ne ſe ſoucie
point en effet de les perſuader, c'eſt un

vain difcoureur , qui ne mérite pas qu'on l'écoute férieulement ; mais s'il veut les perfuader , c'eft alors un Philofophe ennemi de la Foi , & qui la combat.

J'avoüe que les Pyrrhoniens , tel que Montagne fe glorifioit de l'être , fe font un jeu de la parole. Chez eux , rien n'eft vrai , rien n'eft faux ; & leur doute , fouvérainement ridicule parce qu'il eft univerfel , anéantit feul toute Vérité. Mais au fond, le Pyrrhonifme n'eft qu'un nuage , & ces M^{rs} , tout comme les autres , ont leurs opinions favorites aufquelles ils s'attachent , pour les oppofer aux Vérités incommodes qui leur déplaifent. Le Meurtre de foi-même étoit la marotte de Montagne ; on le voit affez , quoiqu'il allègue là-deffus le pour & le contre. Il femble que ce foit auffi celle de M. de V. *Philofophiquement parlant* , dit-il, *quel mal fait à la Société , un homme qui la quitte quand il ne peut plus la fervir*. Mais raifonnablement parlant , quel crime ne commet pas une Créature de Dieu , qui fe veut rendre l'Arbitre de fa propre vie , qui perd tout efpoir en la Providence , qui par fes foibles lumières décide une queftion qu'il n'appartient qu'à la Sageffe infinie de réfoudre , & qui de gaieté de cœur , par un acte momentané , hazarde fon fort pour l'Eternité.

ARTICLE XXXI.

Il ne peut arriver, dit M. de V. *que dans un violent transport de cerveau, qu'un homme dise : Je crois un Dieu, & je le brave.* Un incrédule au lit de la mort fait pourtant ce que dit Pascal, & qu'on traite ici d'impossible ; & plût au Ciel que nous en eussions moins d'exemples ! Combattre la Religion jusqu'au bout, sans avoir seulement des raisons plausibles de la croire fausse, c'est affronter réellement jusques dans l'agonie, un Dieu Tout-puissant & éternel.

ARTICLE XXXII.

Je crois volontiers les Histoires dont les Témoins se font égorger. Pour rendre ce beau mot de Pascal inutile à la Religion, M. de V. allègue 1°· que des Fanatiques sont morts pour soutenir leurs dépositions. 2°· Qu'on n'est point assuré que les Apôtres aient effectivement souffert le Martyre. Une bonne raison, selon lui, pour n'en rien croire, c'est que Josèphe n'en dit mot. C'est-à-dire, que le silence de cet Homme, qui pour plaire aux Païens a supprimé ou falsifié dans ses Ecrits tant de circonstances de l'Histoire Sainte ; de cet Homme, assez courtisan pour détourner sur Vespasien les Oracles des Juifs touchant le Messie ; de cet Homme enfin, malgré son Judaïsme, & la Secte Pharisaïque dont il étoit, entêté de la Philosophie des Grecs ; idolâtre de la grandeur de Rome, & fade adulateur des deux Nations ; que le silence d'un tel personnage sur le Martyre des Apôtres, doit prévaloir sur le témoignage de toute l'Histoire, & sur le rapport unanime de la plus ancienne Tradition ! L'autre Objection n'a pas plus de solidité. Nombre de Fanatiques ont été les Martyrs de leurs opinions spéculatives : en connoit-on beaucoup, qui aïent versé leur sang pour confirmer des Faits dont ils se disent faussement les témoins ? D'ailleurs les Fanatiques sont des fous, & assurément les Apôtres ne l'étoient pas, leur conduite & leurs Ecrits nous en répondent. Au reste, je m'étonne qu'un aussi bon Catholique que M. de V., qu'un homme qui croit la Religion Chrétienne si véritable qu'elle n'a pas besoin de preuves douteuses, (Voyez l'Article XV.) ait pû tenir un pareil langage. Cela étoit bon pour l'Auteur de l'*Epitre à Uranie*.

À ce trait si témérairement lancé contre le témoignage des Apôtres, joignons l'Article XLI. qui roule sur une réfléxion de Pascal touchant les Miracles ;

favoir, qu'il n'y a tant de faux Miracles, que parce qu'il y en a de vrais.
Le fort de cette penfée git en ceci, que
le Menfonge eft d'ordinaire la copie,
l'imitation de la Vérité, & ne s'accré-
dite que par fa reffemblance avec elle.
Le Faux prend les apparences d'un Vrai
déja connu, & les hommes s'y mépren-
nent. Quoique la licence de feindre n'ait
point de bornes, ordinairement l'imagination bâtit fes chimères fur quelque
fondement réel, elle fe plait à emprun-
ter de la Vérité, les couleurs dont elle
orne le Menfonge. Ainfi les faux Remèdes des Charlatans, fuppofent la vérité
des Remèdes : c'eft même la créance
raifonnable donnée d'abord aux vrais Remèdes que l'expérience a juftifiés, qui
fert de prétexte chez bien des Efprits, à
la confiance pour les faux. Une idée fondée en général, eft caufe que le commun
des hommes qui manquent de difcernement
pour l'appliquer jufte, ont une crédulité fans mefure pour tout ce qui fe rapporte à cette idée. Que d'exemples on pourroit ajoûter à ceux qu'en donne Pafcal !
Les Fables Païennes, les Romans eux-mêmes, n'ont-ils pas leur fondement dans
l'Hiftoire, & n'ont-ils pas par conféquent une Vérité qui leur fert de fond ?
On a imputé, dites-vous, *mille fauffes influences à la Lune, avant qu'on imaginâ!*

*le moindre rapport véritable avec le Flux de
la Mer.* Oüi ; mais ce rapport confus
de la Lune avec ce phénomène, rapport
connu par une expérience immémoriale,
avant qu'on en développât les vraies raifons, a fondé le préjugé populaire fur
les fauffes influences de la Lune. *Le prémier homme qui a été malade, a cru fans
peine le prémier Charlatan.* D'où M. de V.
le fait-il ? Qui lui a dit que la vraie Mé-
decine n'eft pas de plus ancienne datte
que l'Art des Charlatans , & que ce ne
font pas les vrais Remèdes qui ont accré-
dité les faux ? Pourquoi avoir une fi
mauvaife opinion du Genre - humain ?
Le faux merveilleux de la Tranfmuta-
tion des métaux, s'eft établi à l'aide des
merveilles réelles qu'opére la Chimie.
Les Loups-garoux appartiennent à l'idée
générale, qui eft vraie, de l'opération des
Démons, & par conféquent à l'idée d'un
Ordre furnaturel. Objecter que les Romains & les Grecs croyoient aux Prodiges, aux faux Miracles, fans en avoir vû de
véritables, n'infirme en rien la penfée de
Pafcal : car il fuffit que de vrais Prodiges
fe foient opérés dans le Monde, n'importe en quel Pays, qu'enfuite la connoiffance s'en foit répandue, & la mémoire con-
fervée ; cela fuffit pour exciter l'impof-
ture à en feindre de faux, & pour difpo-
fer la crédulité à y ajoûter foi.

ARTICLE XXXVI.

Pascal : *L'extrème Esprit est accusé de Folie , comme l'extrème Défaut ; rien ne passe pour bon , que la Médiocrité.* Le Critique, en remarquant fort bien que l'extrème Esprit ne sauroit être Folie, eût dû prendre garde que la censure porte à faux. Pascal n'a point dit que l'extrème Esprit *soit* Folie, mais qu'on *l'accuse* de l'être. Et il faut avoüer que l'expérience justifia plus d'une fois ce mot d'*Aristote*, cité par *Sénèque : Nullum magnum ingenium sine mixtura dementiæ fuit.* Après tout, cette observation n'est souvent que faux préjugé. Rien de plus ordinaire aux petits Esprits, que de dire aux gens qui ont plus de lumières qu'eux, qu'ils se perdent pour vouloir creuser trop avant, qu'ils donnent dans la chimère, qu'ils ne s'entendent pas eux-mêmes. C'est ainsi que la plus haute Sagesse est souvent taxée de Folie. Témoin la replique de *Festus* à *S. Paul*, & le jugement que les *Abdéritains* firent de *Démocrite.* L'Auteur des *Pensées* n'a donc point prétendu que le plus haut degré d'Esprit fût Folie ; en vérité, il perdroit trop à cette opinion. Il est vrai pourtant, comme M. de V. l'observe, que le défaut opposé à l'*extrème Esprit*, s'appel-

le proprement *Stupidité*. M. de V. définit
auffi fort jufte la vraie Folie ; c'eft, comme il dit, l'extrème vivacité & volubilité
d'Efprit, que caufe un certain dérange-
ment dans les organes, qui fait voir plufieurs objets trop vîte, ou qui arrête l'i-
magination fur un feul, avec trop d'application & de violence. J'ajoûte, qu'une
telle difpofition exclud le talent de raifonner jufte ; que cependant, comme
elle a différens degrés, l'on peut en
prendre des teintures plus ou moins for-
tes ; & que les Beaux-Efprits en général, en particulier les Poëtes, ont un peu
le malheur d'y être fujets.

ARTICLE XXXVIII.

Comment peut-on foutenir, *qu'il eft
faux que les Petits foient moins agités que
les Grands par les mêmes paffions ?* De
quelle foule d'autorités ne pourroit - on
pas écrafer cette Critique, s'il s'agiffoit
ici de cela ? fuffit que pour contredire
Pafcal, M. de V. contredit la Raifon,
l'Expérience, & l'Opinion générale des
hommes. La comparaifon de la Roue qui
agite davantage par fon mouvement ceux
qui font au haut, que ceux qui demeu-
rent près du centre, n'eft donc pas feulement ingénieufe ; elle eft pleine de vérité & de jufteffe.

ARTICLE XXXIX.

Quoique l'Education influe extrème-ment fur les mœurs, & qu'il faille de grands foins pour former un honnête-homme; il eft pourtant vrai qu'on n'ap-prend point aux hommes la Probité, comme on leur apprend tout le refte, c'eft-à-dire, par règles & par méthode. On ne cultive point affez les jeunes-gens à ce prémier égard, & il s'en faut beau-coup qu'on fe donne autant de peine pour les rendre gens de bien, que pour les former aux Sciences, aux Arts, aux Métiers. Cependant chacun fe pique d'ê-tre honnête-homme, & fe croit inftruit à fond dans une Science qui n'eft pas de petite étenduë, quoiqu'il ne l'ait point apprife, & qu'on donne ordinairement fi peu de foins à l'enfeigner. Pafcal a donc raifon de conclure, que les hom-mes *ne fe piquent de favoir que la feule cho-fe qu'ils n'apprennent point.* Il eft vrai en un fens, qu'on apprend tout aux hom-mes; la Vertu, la Religion : mais en général, c'eft ce qu'on s'attache moins à leur enfeigner que tout le refte. Chacun eft content de fon cœur, & compte fur la bonté de fon naturel, fans fonger combien il y a de chofes à réformer dans l'un & dans l'autre.

ARTICLE XL.

Montagne eſt un de ces Auteurs à double face, dont on peut dire avec juſtice beaucoup de bien , & beaucoup de mal. Il n'étoit guère beſoin de marquer les beaux côtés d'un Ecrivain généralement goûté, & qui ne l'eſt que trop à divers égards. *Paſcal*, *Nicole*, & *Malebranche*, en relevant fort à propos ce qu'il a de ' mauvais, n'ont prétendu décrier ni la naïveté de ſon ſtile, ni la fineſſe de ſes penſées, ni la beauté de ſon imagination. En ſe peignant lui-même, il a peint la Nature humaine; mais c'eſt avec tant de complaiſance pour ſes propres défauts en particulier, & pour les vices de cette Nature en général, qu'il ſemble les avoir voulu faire aimer. Si Montagne avoit eu de bons principes de Morale, il auroit pû ſe peindre au naturel , ſans rendre ſes vices contagieux par des images ſéduiſantes, & par des maximes corrompues, qui , mêlées à ces images, en augmentent le poiſon : car ici, comme dans la Poëſie & dans l'Hiſtoire, qui ſont auſſi des Tableaux, c'eſt le jugement du Peintre, ce ſont ſes maximes, ou expreſſes ou indirectes, qui déterminent l'effet des peintures, & le but que l'on ſe propoſe en les traçant.

On

On peut se peindre dans ses Lettres, dans un entretien avec un Ami, on peut montrer son Ame toute nue à un Directeur de conscience; mais alors on ne fait point un Livre. Après tout, que Montagne pût composer un Livre dont il fût lui-même le sujet, non en se mêlant aux autres choses, mais en mêlant les autres choses à soi selon l'ingénieuse distinction de Mr. l'Abbé *Trublet* (*), qui se met à cet égard au rang de ses Apologistes, c'est une question à part que je laisse à décider aux Casuistes. Mais certainement, en s'offrant ainsi en spectacle au Public, il n'eût point dû séduire les Ames foibles par de dangereuses amorces, ni choquer les gens sages par des indécences. Le projet de Montagne est donc un mauvais projet, qui lui fait mêler parmi d'excellentes choses, beaucoup de sottises. Je ne puis que savoir très-bon gré à *Nicole*, à *Malebranche*, à *Pascal*, de l'en avoir repris comme il le mérite. Ce n'est point décrier Montagne, c'est lui rendre une justice éxacte, de blâmer son projet, de la manière qu'il l'exécute; de dire, que ce qu'il y a de bon chez lui, n'en rend le mauvais que plus dangereux; & de

_____

(*) *Essais sur les divers Sujets de Littérature & de Morale*, I. Partie, page 45.

I

lui appliquer, par rapport aux chofes (*), ce que *Quintilien* difoit de *Sénèque* par rapport au ftile : *Abundat dulci-
bus vitiis* (†).

ARTICLE XLII.

*Le Port règle ceux qui font dans un Vaif-
feau ; mais où trouverons-nous ce point dans
la Morale ?* " C'eft répond M. de V. ,
" dans cette Maxime reçue de toutes les
" Nations : Ne faites pas à autrui, ce
" que vous ne voudriez pas qui vous
" fût fait. " Sans doute, la Maxime eft
excellente , & d'un ufage univerfel ;
mais elle a des difficultés dans l'application. Elle demande des précifions, des
limitations, où on ne peut entrer foi-
même qu'avec un cœur extrèmement
droit, & qu'on ne fauroit enfeigner aux
autres qu'avec un efprit fort jufte & fort
éclairé.

(*) C'eft Mr. l'Abbé *Trublet* qui fait cette
ingénieufe application ; mais dans un fens ,
ce me femble , un peu différent du mien.

(†) On peut lire un excellent jugement de
l'illuftre Evêque d'Avranches Mr. *Huet*, fur
les *Effais de Montagne*, dans le *Huetiana*,
Art. VI.

ARTICLE XLIII.

*Il n'y a point de gens dont on puisse dire,
qu'ils aiment mieux la Mort que la Guerre.*
C'est notre Critique, qui décide ainsi ;
mais je n'en vois pas la raison. Pourquoi
n'y auroit-t-il pas des hommes qui crai-
gnent plus que la Mort, les fatigues, les
dangers & les horreurs de la Guerre,
puisqu'il s'en trouve qui aiment mieux la
Mort que la Paix ? Témoin ces Catalans
dont parle Tacite : *Ferox gens nullam esse
vitam sine armis putat.* Il falloit ou blâmer l'idée de Tacite, ou ne point critiquer celle de Pascal.

ARTICLE XLIV.

A mesure qu'on a plus d'esprit, dit Pascal, *on trouve qu'il y a plus d'Hommes
originaux.* Le Critique remarque là-dessus, qu'il y a peu d'Hommes véritablement originaux. C'est-là disputer du mot.
Il est certain que le fond propre à chaque Homme en particulier, y différen-
cie des qualités qui passent pour être les
mêmes dans tous. Mais la coutume &
l'éducation, par leur influence sur notre façon de penser & d'agir, assujettis-
sent le commun des Hommes à une fade
uniformité, & enveloppant sous un ex-

térieur femblable, des caractères différens, elles couvrent à nos yeux ces différences, qui éxiftent où fouvent on les
foupçonneroit le moins. Peu de gens favent fe frayer des routes nouvelles, faute d'un certain courage & d'une certaine vigueur d'efprit, qui développe notre
naturel & lui donne un libre effor. De-
là vient qu'il y a fi peu d'Auteurs originaux. Mais parmi cette foule d'Hommes ordinaires, qu'on voit trainer de
compagnie le joug impofé par la Coutume, notre Cenfeur convient que *les vûës*
fines apperçoivent de légères différences dans
la démarche. Donc, plus on a d'efprit,
& plus on démêle d'Originaux & de Caractères, plus on faifit chez les hommes
ces traits effentiels qui les diftinguent.
Car un Homme ne reffemble jamais exactement à un autre Homme. C'eft précifément l'Obfervation de Pafcal. Falloit-
il le critiquer, pour ne dire au fond que
ce qu'il a dit ?

ARTICLE XLVI.

La Mort eft plus aifée à fupporter fans y
penfer, que la penfée de la mort fans péril.
Pafcal connoiffoit bien l'Homme. Il l'a-
voit étudié. Il favoit quelle puiffante
impreffion certains objets font fur l'Ame,
lorfque la réfléxion l'y attache, & com-

bien les maux de l'Efprit font plus grands que ceux du Corps. Appellons-en à l'expérience, du moins au témoignage des Hommes. Autant qu'ils font capables de mettre en comparaifon ces deux chofes, ils ont toujours jugé que la vûë de la Mort étoit plus infupportable que la Mort - même. *On ne peut pas dire*, objecte ici notre Critique, *qu'un Homme fupporte la Mort aifément ou mal-aifément, quand il n'y penfe point du tout. Qui ne fent rien, ne fupporte rien.* Supporter la Mort fans y penfer, n'eft pas ne la point fentir ; c'eft feulement n'avoir pas le loifir de la réfléxion.

ARTICLE XLVII.

La remarque contenue dans cet Article, nous apprend que M. de V. à étudié *Newton* ; mais c'eft auffi tout ce qu'elle prouve. Pafcal a pû choifir la Couleur blanche tout comme une autre, pour nous faire entendre qu'il fe pourroit fort bien que les Hommes ne fentent pas tous de la même forte les objets qui fe préfentent à eux. Le Blanc n'eft point une couleur particulière, mais l'affemblage de tous les rayons, ou de toutes les couleurs confondues l'une dans l'autre. Cela eft vrai, optiquement, phyfiquement parlant, s'il s'agit de la cau

se extérieure de la sensation : mais s'il
s'agit de la sensation même, le Blanc est
une Couleur à part, comme les autres,
c'est-à-dire, qu'il réveille une sensation
distincte de celle qu'excite chacun des
rayons colorés. Reste toujours à savoir
si la Neige, que tout le monde appelle
blanche, fait naître dans tous ceux qui
la regardent, la même sensation. Ce qui
nous le persuade, c'est l'harmonie de nos
jugemens par rapport au même objet co-
loré. Chacun dit que la Lumière est gaie,
que le Blanc éblouït, que le Rouge fa-
tigue la vûë ; qu'au contraire le Verd
la récrée, qu'il a telle proportion avec
les autres Couleurs &c. Ainsi les sentimens accessoires à ceux de chaque Couleur, étant les mêmes dans tous les Hommes, cela nous persuade que la sensation
principale doit aussi être la même.

ARTICLES XLVIII. XLIX.

Tout notre Raisonnement se réduit à cé-
der au Sentiment, dit Pascal. Cela est si
vrai, que l'évidence des Axiomes est
elle-même un Sentiment, & que la Vérité de notre existence, qui est la prémière des Vérités par rapport à nous,
en est un aussi. On ne doit point distinguer ici la Science d'avec le Goût.
Tout se réduit au Vrai. Le Sentiment

confus que l'on nomme Goût, se résou-
droit en dernière analyse aux pures Idées ;
& les Raisonnemens, qui sont composés de Jugemens, comme les Jugemens
le sont d'Idées simples, se réduisent de
même à l'Evidence, ou au Sentiment
du Vrai. Voir, goûter, sentir la Vérité,
c'est tout un. Le Goût a donc ses règles & ses principes fixes, comme les
Sciences de spéculation. Ces règles sont
la Montre à laquelle il faut rappeller,
& sur laquelle on doit rectifier les Jugemens que l'habitude, le préjugé, le
caprice, l'humeur, font souvent porter
des choses de goût.

ARTICLE L.

Alexandre ne bornoit point ses projets
à venger la Grèce, & à conquérir l'Empire des Perses : témoin son Expédition
dans les Indes : témoin ses regrets de n'a-
voir pas d'autres Mondes à conquérir.
Unus Pellæo juveni non sufficit Orbis. Con-
sultez les Historiens, & ce que *Lucain* a
dit de ce conquérant :

> *Macedonum fines latebrasque suorum*
> *Deseruit, victasque patri contempsit*
> *Athenas &c.*

Cet amusement étoit bon pour Alexandre,

I iv

mais César devoit être plus mûr. Pensée vraie,
pensée d'une force & d'un sublime digne
de Pascal. Je suis sûr que *Cicéron* & *Sé-*
nèque la lui auroient enviée. Ceux qui
l'estiment ce qu'elle vaut, ne manque-
ront pas de dire que M. de V. ne la trouve *fausse en tous sens*, que faute de l'a-
voir comprise, & qu'en affectant de soutenir la thèse opposée, il fait briller son
esprit aux dépens de son jugement. En
effet, il étoit pardonnable à un Alexandre, à un jeune Prince bouillant, im-
pétueux, téméraire, de projetter la Conquête du Monde; mais un projet si des-
titué de raison, n'est aux yeux des têtes
bien saines qui l'envisagent de sens rassis,
qu'un pernicieux amusement. *César de-*
voit être plus mûr. Il est surprenant qu'a-
vec une Ame si élevée que la sienne,
avec d'aussi grandes lumières, & à l'â-
ge qu'il avoit quand il mit sa Patrie aux
fers, il fût si peu sage, si peu Philosophe; car il n'est pas nécessaire d'être
Chrétien, pour connoître l'injustice &
la folie d'une telle entreprise. Celle de
César demandoit, je l'avoüe, de la ma-
turité d'esprit pour la digérer, & pour
la mettre en exécution : elle n'en suppose pas moins dans le principe, une
folle ardeur, destituée de réfléxion &
de jugement. Tout homme qui a l'ambition de se rendre le maître du Monde,

eſt un véritable Inſenſé. Sans citer les
Philoſophes, on peut voir ce que *Juvé-*
nal, Lucain, Despréaux ont dit là-deſſus.
M. de V. mépriſe peut-être de telles autorités; mais on a contre lui la ſienne propre. Auroit-il oublié ces belles Maximes
contre l'eſprit de Conquête, qu'on a ſi
juſtement admirées dans ſon *Hiſtoire de*
Charles XII?

ARTICLE LI.

C'eſt une choſe plaiſante à conſidérer, dit
Paſcal, *de ce qu'il y a des gens dans le mon-*
de, qui aïant renoncé à toutes les Loix de
Dieu & de la Nature, s'en ſont faites eux-
mêmes, auſquelles ils obéïſſent exactement;
comme par exemple, les Voleurs &c. M.
de V. dit là-deſſus une choſe vraie : c'eſt
que cela prouve que nulle Société d'Hommes ne peut ſubſiſter un ſeul jour ſans
Règle. Mais il ſemble n'être point entré
dans la réfléxion de Paſcal, & n'en
avoir pas ſenti l'uſage, qui eſt de nous
montrer combien l'Irréligion eſt inſen-
ſée. Un Homme qui renonce aux Loix
de la Religion, n'a plus de principes; il
tombe à tout moment en contradiction
avec lui-même; tout chez lui devient ridicule, juſqu'aux Vertus.

J'ai une pareille remarque à faire ſur
l'Article LIII. Paſcal y comparant l'Hom-

I v

me au reste des Animaux, dit qu'on ne
trouve point chez ceux-ci, comme parmi nous, ce vain Orgueil qui fait que
nous cherchons toujours à nous prévaloir contre autrui, de la supériorité de
notre propre talent. *Un Cheval ne cher-*
che point à se faire admirer de son compa-
gnon.... à l'étable, le plus mal taillé ne cé-
de pas pour cela son avoine à l'autre. Il
n'en est pas de même parmi les Hommes.
Leur Vertu ne se satisfait pas d'elle-même,
& ils ne sont point contens, s'ils n'en tirent
avantage contre les autres. Opposer à cette Réfléxion, que le droit du plus fort
l'emporte chez les Hommes, comme
chez les Animaux, c'est dire une chose
vraie ; mais qui n'est point à sa place,
puisqu'elle laisse dans son entier l'excellente Réfléxion de Pascal sur la Vanité
de l'Homme, & sur la tyrannie de son
Orgueil.

ARTICLE. LIV.

Pascal n'a point voulu détourner l'Homme de chercher ce qui lui est utile, par
cette considération, qu'il ne peut tout
connoitre. N'a-t-il pas fait lui-même des
Découvertes très-belles. & très-utiles en
Physique, en Géométrie ? Mais il est
plus aisé de critiquer une Pensée, que
de l'entendre. Il s'agit dans celle-ci, de

cette Connoissance pleine, parfaite, foncière, à laquelle l'Homme aspire, mais en vain. C'est par rapport à cette espèce de Connoissance, que Pascal soutient qu'il est impossible qu'une Partie connoisse le Tout, & qu'il assûre que l'enchaînement qu'ont entre-elles les différentes Parties de l'Univers, est tel, que l'une ne se peut connoître sans l'autre, & sans le Tout. Je ne crois pas que les plus profonds Philosophes l'en dédisent.

Si l'on se donne la peine de comparer Pascal avec lui-même, précaution qu'on doit observer sur-tout à l'égard d'un Auteur de Pensées détachées, & de Pensées encore, exprimées d'une manière aussi concise que le sont celles-ci, on verra d'abord le peu de justesse de la Critique. Lisez ce bel endroit qui termine la Section XXII. de Pascal. " Les " choses extrèmes sont pour nous comme " me si elles n'étoient pas. Elles nous " échappent, ou nous à elles. Voilà no- " tre véritable état. C'est ce qui resser- " re nos Connoissances en de certaines " bornes, que nous ne passons pas; in- " capables de savoir tout, & d'ignorer " tout absolument. Nous sommes sur " un milieu vaste, toujours incertains " & flottans entre l'Ignorance & la " Connoissance; & si nous pensons al-

" ler plus avant, notre objet branle &
" échappe nos prifes ; il fe dérobe & fuit
" d'une fuite éternelle ; rien ne le peut
" arrêter. C'eft notre condition natu-
" relle, & toutefois la plus contraire à
" notre inclination. Nous brûlons du
" defir d'approfondir tout, & d'édifier
" une Tour qui s'élève jufqu'à l'infini.
" Mais tout notre édifice craque, & la
" terre s'ouvre jufqu'aux abyfmes." C'eft
dans le même efprit qu'il dit ailleurs :
" (*) Les Sciences ont deux extrémités
" qui fe touchent. La prémière eft la pu-
" re Ignorance naturelle, où fe trouvent
" tous les hommes en naiffant. L'autre
" extrémité eft celle où arrivent les
" grandes Ames, qui aïant parcouru
" tout ce que les hommes peuvent fa-
" voir, trouvent qu'ils ne favent rien, &
" fe rencontrent dans cette même Igno-
" rance d'où ils étoient partis. Mais
" c'eft une Ignorance favante, qui fe
" connoît.

M. de V. a crû trouver à mordre fur
cette Penfée. C'eft, dit-il, un pur fophifme ; car on y prend le mot d'*Igno-*
rance en deux fens différens. Et là-deffus il prouve doctement contre Pafcal,
qu'il y a des chofes que nous pouvons
favoir ; que cette Science a divers de-

(*) *Ibid.* Sect. XXIX.

grés, & que celui qui fait le Latin eſt favant par comparaiſon à celui qui ne fait que le François. Paroles perdues ! Paſcal ne nie rien de tout cela. Il remarque ſeulement, que toute la Science part de l'Ignorance, & y retourne. Les vrais Savans, ceux qui ont pouſſé leurs connoiſſances au plus haut degré, trouvent qu'ils ne ſavent rien, c'eſt-à-dire, qu'ils ignorent les principes, le fond & les liaiſons des choſes. Ils retournent donc au point d'où ils étoient partis, qui eſt l'Ignorance. Ce n'eſt pas à dire qu'ils ne diffèrent en rien des Ignorans proprement ainſi nommés, & qu'ils n'aient en effet rien appris ; ni que l'Ignorance où ils ſe retrouvent ſoit préciſément de même nature que celle des Enfans & des Idiots. Tant s'en faut, que pour la diſtinguer de la pure Ignorance naturelle, il la qualifie d'*Ignorance ſavante, qui ſe connoît.* La lumière qui éclaire un grand Eſprit, lui fait connoître ſes bornes, elle le rend humble, elle le munit contre l'erreur, fruit ordinaire de l'Ignorance des petits Eſprits & des demi-Savans, qui précipitent volontiers leur jugement, & qui trop ſouvent croyent ſavoir ce qu'ils ignorent. Auſſi Paſcal ajoûte-t-il immédiatement après, que *ceux d'entre-deux, qui ſont ſortis de l'Ignorance naturelle, & n'ont pû arriver à l'au-*

tre , ont quelque teinture de cette Science
suffisante , & font les entendus. Ceux-là ,
dit-il , troublent le Monde , & jugent plus
mal de tout que les autres.

Pour mieux comprendre la vérité de
ce que Pascal dit ici , représentez-vous
trois ordres de gens ; 1°. un Aveugle-né ;
2°. un homme qui a la vûë courte ; 3°.
un homme qui voit de loin , ou qui se
sert de longues-vûës. Le prémier de ces
hommes ne sait pas même qu'il y ait des
objets visibles. Placez le second dans le
plus beau point de vûë du monde ; s'il
s'en rapporte à ses yeux , il croira qu'un
très-petit nombre d'objets qu'il apperçoit assez distinctement , sont les seuls
qu'il y ait autour de lui. Le troisième ,
dont la vûë porte beaucoup plus loin ,
entrevoit confusément dans le lointain
une multitude d'objets qu'il ne sauroit
démêler. Les bons yeux qu'il a , en lui
découvrant mille choses , servent eux-
mêmes à le convaincre qu'il en est une
infinité qui lui échappent.

Les endroits que je viens de citer , &
quelques autres semblables , ont fourni
prétexte aux ennemis de ce grand Homme , de l'accuser d'établir le Pyrrhonisme. Rien n'étoit plus loin de sa pensée.
Dans la Section XXI. où il s'applique
particulièrement à montrer les contrariétés étonnantes qui se trouvent dans la

Nature de l'Homme par rapport à la Vérité, la foiblesse de son esprit pour la
discerner, & les illusions du Raisonnement, il fait voir que nous avons une idée
de la Vérité, invincible à tout le Pyrrhonisme ; qu'en parlant sincèrement &
de bonne foi, on ne peut douter des Principes naturels ; que ces prémiers Principes nous les connoissons par sentiment,
par une intelligence vive & lumineuse ;
& que c'est en vain que le Raisonnement,
qui n'y a point de part, essaye de les combattre. La Science humaine, dans sa plus
haute perfection, consiste donc à connoître avec certitude l'éxistence de divers
objets, quoiqu'on n'en puisse pénétrer la
nature, & qu'on n'en voie point avec
évidence le fond & les différens rapports.
Nous savons qu'une chose est, sans en
savoir le principe, le comment, la manière: Nous avons sur plusieurs Vérités,
des preuves solides, qui ne nous permet-
tent aucun doute, sans pourtant être en
état de résoudre toutes les objections que
l'on fait contre elles. Telle est l'Ignorance savante dont Pascal nous parle.
Voyez encore la Section XXII. des Pensées, qui traite de la Connoissance générale de l'Homme, par la comparaison
de ce qui est au-dessus de lui, & de ce
qui est au-dessous.

ARTICLE LV.

Pascal : *Si le foudre tomboit sur les lieux bas, les Poëtes manqueroient de preuves.* M. de V. dit à cela, que les Comparaisons ne prouvent rien, ni en Poësie, ni en Prose. Il a raison. Mais il n'arrive que trop aux Esprits que l'Imagination gouverne, tels que sont les Poëtes en général, avec leurs admirateurs outrés, de se laisser persuader par un trait brillant, d'être convaincus par une Antithèse, & de prendre de simples convenances pour de bonnes preuves. Toujours est-il bien sûr que les Images plaisent, & que ce qui plaît, aide à la persuasion. Aussi, de tout tems la Vérité, pour s'insinuer mieux dans les Esprits, emprunta-t-elle le langage de l'Imagination. Le mal est, que chez le commun des Hommes, ce langage passe toujours pour celui de la Vérité.

ARTICLE LVI.

Le partage entre l'Esprit & le Corps, par rapport aux propriétés, aux modifications, aux fonctions de ces deux Substances, est assez nettement établi depuis *Descartes*, pour débrouiller la confusion d'idées que Pascal reproche à presque tous les anciens Philosophes, qui ont été

Peuple fur cette matière. En effet, la pente en nous est extrême à confondre le Corps avec l'Ame ; & cela vient du pouvoir des Sens. Comme la douleur ou le plaisir dont notre Ame est pénétrée à la présence des Corps , nous applique fortement à les considérer , il nous arrive de confondre imperceptiblement les propriétés de l'objet apperçû, avec celles du sujet appercevant : d'où il résulte une double erreur. 1°· D'attribuer aux Corps mêmes , les diverses perceptions qu'ils excitent. 2°· De croire notre Ame corporelle. Car dans tous nos sentimens vifs , il nous semble que les Corps la touchent ; & que par conséquent, elle est de même nature qu'eux ; selon l'Axiome de Lucrèce :

Tangere enim & tangi, nisi corpus, nulla potest res.

Nous ne connoissons ni l'Esprit ni le Corps, dit M. de V., *nous ne pouvons donc savoir quelles sont leurs limites.* A ce langage ne diroit-on pas qu'il s'agit ici d'un règlement de limites entre deux Jurisdictions, ou de deux Pays voisins qui nous sont peu connus, & dont, à cause de cela même, nous ignorons la borne précise qui les sépare? Voilà, par exemple, un de ces écarts d'une imagination poëtique, qui prend les Comparaisons pour des preuves. M. de V. ne sait où le Corps finit, ni où l'Esprit commence. Il soupçonne apparemment, qu'un certain degré de subtilité & d'agitation dans la Matière, fait la Pensée & l'Esprit. Sur ce pied-là, il n'a pas tout à fait tort de parler de limites incertaines ; car sûrement sa Physique ne lui a point encore appris à quel degré de petitesse ou de mouvement un Atome commence à penser. Il sait donc bien quelle espèce d'organisation suffit à sa Montre pour sonner les heures ; mais il ne sait pas encore, quelle a dû précisément être celle de son Cerveau pour composer la *Henriade*. Cependant sa Raison lui apprendroit, s'il vouloit, l'infinie distance qui sépare l'Esprit d'avec le Corps. Il n'auroit pour cela qu'à faire cette réfléxion si simple : il est sûr que je pense, & il est impossible à la Matière de penser. Moi qui pense, je suis une chose simple, individuelle, active & mouvante. La Matière est une chose composée, passive, & mue. Donc, Moi & la Matière, sommes des choses essentiellement distinctes l'une de l'autre.

Depuis une cinquantaine d'années, les défenseurs de l'Immatérialité de l'Ame se sont attachés à la preuve prise de l'Unité, ou de l'Indivisibilité du Sujet

qui pense; & cette Démonſtration a été
miſe dans un jour, à quoi il ne ſe peut
rien ajoûter. La voici, en peu de mots.
Moi qui penſe, à me regarder préciſément comme tel, je ſuis un Sujet à part;
je ſuis une vraie Subſtance. Et cela eſt ſi
vrai, que celui qui voudroit en douter,
ſera bientôt réduit à dire que les idées
mêmes de Subſtance & de Mode lui ſont
inconnues. Car l'idée générale de Subſtance, nous la tirons de notre propre
Etre penſant, ou de notre *Moi*; rien n'é-
tant mieux conçû éxiſter à part, ſéparé-
ment de toute autre choſe, que le Moi.
Mais autant qu'il eſt clair que l'Etre penſant eſt une Subſtance, autant l'eſt-il,
que cette Subſtance eſt indiviſible, qu'elle eſt ſimple, que c'eſt une véritable Unité. En effet, le Moi qui a différentes
ſenſations, ou différentes idées, & qui les
compare entre-elles; le Moi qui ſe plaît
à contempler l'émail de cette Prairie, &
que flate en même-tems le ſon de cette
Muſette; le Moi qui préfère la Muſique
Françoiſe à l'Italienne; le Moi qui trouve les Vers de M. de V. fort bons, & ſes
Raiſonnemens fort mauvais; en un mot
ce Moi, le centre commun d'une infinité
d'objets, & le Juge qui décide de leur
prix, n'eſt aſſûrément pas un compoſé
de parties diſtinctes, miſes à côté l'une
de l'autre, & qui ſe puiſſent ſéparer. &

détacher l'une d'avec l'autre. Il ne faut que penser & sentir, pour se convaincre que la chose qui sent & qui pense, est un Sujet simple, que c'est en rigueur *une* chose, & non *plusieurs*. Or, ou vous n'entendez rien par le mot de *Matière*, ou vous entendez un Composé, un Tout, divisible en Parties distinctes, qui, placées à côté l'une de l'autre, peuvent se détacher l'une de l'autre, & dont celle qui touche immédiatement sa voisine, n'est pas plus identifiée avec elle, que le Globe de notre Terre n'est identifié avec celui de Saturne. Si cela n'est pas clair pour quiconque daigne y faire attention, il ne l'est pas non plus, que deux fois deux fassent quatre (*).

L'Argument dont se servoit *Descartes*, Argument pris de ce que l'idée de la Pensée & celle de l'Etenduë sont si clairement distinctes, qu'il n'entre dans l'une, rien de ce qui appartient à l'autre, se rapporte beaucoup à celui-ci. C'est presque le même, proposé sous un nouveau tour, qui le rend d'autant plus frappant, que

---

(*) On assûre que M. de V. dit un jour à Londres en bonne compagnie, parlant au Dr. *Clarke*, qu'il doutoit un peu de cet Axiome. Ce n'est donc point lui que je prétends convaincre par le raisonnement qu'on vient de lire.

les Attributs du Corps & de l'Ame y sont
mis en contradiction l'un à l'autre, comme le Ouï & le Non. Mais l'Argument
de Descartes renferme aussi , si vous y
prenez garde, la même opposition d'Attributs, qui prouve la différence essen-
tielle des Sujets. Il n'y a qu'à considérer d'un côté , que les deux idées de la
Pensée & de l'Etenduë, n'aïant rien de
commun entre-elles, s'excluent mutuellement ; de l'autre, que l'idée de chaque Attribut, renferme celle du Sujet :
car il en résultera , que ces deux Attributs exclusifs l'un de l'autre, sont incom-
patibles dans un même Sujet, & par conséquent supposent deux Sujets différens.
Pour mieux sentir la force de ce Raisonnement , remarquez que toute distinction
d'Idées , ne prouve pas une distinction
de Sujet ; parce qu'il y a des idées qui,
quoique distinctes entre-elles , renferment
pourtant quelque chose de commun. Par
exemple , l'idée de Rondeur , & celle de
Mouvement , sont très-distinctes : cependant elles n'établissent point duplicité de
Sujet. Pourquoi ? Parce qu'elles renferment quelque chose de commun, savoir
l'idée d'une certaine Masse, qui peut-
être à la fois ronde , & en mouvement.
Au lieu que l'idée de l'Etre étendu, renfermant celle d'un Sujet qualifié par cet
Attribut , mais ne renfermant rien de ce

qui appartient à l'idée de l'Etre qui pense, il s'ensuit que le Sujet de la Pensée,
& celui de l'Etenduë , ne sauroient être
le même , & que ces Attributs sont exclusifs l'un de l'autre, & ne sauroient se
réunir dans un seul Sujet, non plus que
le Simple & le Composé, le Divisible &
l'Indivisible. Après tout, c'est la Pensée
qui fonde, ou qui manifeste dans le Sujet pensant, l'attribut d'Indivisibilité ;
comme c'est l'Etenduë , qui dans le Sujet étendu fonde, ou du moins manifeste
l'attribut contraire. Quand le Sujet qui
pense, ne penseroit pas toujours ; quand
de même le Sujet étendu renfermeroit,
outre son étenduë , quelque autre propriété que nous ne connoissons pas ; cela
n'affoibliroit en rien l'Argument. Car il
n'en seroit pas moins certain , que le
Sujet inconnu qui a la faculté de penser,
doit être une Substance simple, indivisible ; & qu'au contraire le Sujet inconnu
qui a l'étenduë pour l'un de ses attributs,
est un Sujet essentiellement divisible , un
Composé de parties distinctes , un assemblage de plusieurs Substances.

ARTICLE LVII.

Pour le coup, le Critique a raison contre Pascal. Ce sublime Génie qui savoit
tant de choses , & qui les savoit si bien,

ignoroit (*) que la Poëfie a fon objet fixe, comme tous les autres Arts ont le leur. Il n'a point fû ce que c'étoit que Beauté Poëtique. M. de V., qui fans contredit eft un de nos meilleurs Poëtes, entend la matière à merveilles, & l'explique parfaitement bien. Que n'a-t-il également fû fe renfermer dans fon talent, fans vouloir étendre une Critique audacieufe fur les chofes qui ne font pas du reffort du Bel-Efprit ? s'il fe fût preferit cette fage retenue ; s'il eût fuivi le précepte d'Horace,

Sumite materiam veftris qui fcribitis æquam
Viribus, & verfate diu quid ferre recufent,
Quid valeant humeri,

Il fe feroit bien gardé d'attaquer un Auteur comme Pafcal ; & il n'auroit pas juftifié par fon propre exemple, qu'il y a loin, quelquefois, d'un grand Poëte à un grand Homme. Je fuis, Monfieur, votre, &c.

(*) Avant M. de Voltaire, Mr. *Dacier* avoit très-judicieufement relevé cet endroit de Pafcal, dans la Préface de fon *Horace.*

F I N.

A Saint Omer, de l'Imprimerie de FERTEL, à l'Enfeigne de S. Bertin. 1753.

www.ingramcontent.com/pod-product-compliance
Lightning Source LLC
Chambersburg PA
CBHW071937090426
42740CB00011B/1732